BIBLIOTHÈQUE

RELIGIEUSE, MORALE, LITTÉRAIRE,

POUR L'ENFANCE ET LA JEUNESSE,

PUBLIÉE AVEC APPROBATION

DE S. E. LE CARDINAL-ARCHEVÊQUE DE BORDEAUX.

LES CHASSEURS

D'ÉLÉPHANTS

OU

CHASSES ET VOYAGES EN NUBIE

PAR WILLIAM D'ARVILLE.

LIMOGES,

MARTIAL ARDANT FRÈRES, ÉDITEURS,

Rue de la Terrasse.

1860

INTRODUCTION.

On lit avec plaisir, souvent avec un grand intérêt, les relations que nous donnent les voyageurs qui ont parcouru des contrées à peine connues ou inexplorées. Mais quels que soient les tableaux qu'ils exposent de leurs aventures, nous n'en concevons qu'une faible idée ; il faut que l'imagination nous vienne en aide, et que nous nous identifiions si bien avec eux, que nous nous mettions à leur place, pour comprendre ce qu'ils ont souffert de fatigues et couru de dangers.

On distingue trois classes de voyageurs : la première, et selon nous la plus noble et la plus digne de sympathie, se compose d'hommes avides de connaître et d'enrichir, en l'étendant, le domaine des connaissances humaines ; hommes éminemment utiles, ils servent les besoins de tous les peuples et méritent leur reconnaissance et presque toujours leur admiration.

La seconde classe, quoique guidée par des sentiments moins élevés, n'en sert pas moins l'humanité, en étendant le commerce général et contribuant au bien-être et aux jouissances de la société : ce sont les hommes que l'amour du gain pousse dans les contrées étrangères, et à qui il fait braver des dangers auxquels certes ils ne se seraient pas exposés si la soif de l'or ne faisait pas tout oublier.

Les esprits aventureux, ou dégoûtés du spectacle d'une civilisation qui leur a donné la satiété, composent la troisième classe. Ce sont leurs récits qui se lisent généralement avec le plus d'attrait par tout le monde. La science n'attache guère que l'esprit déjà éclairé et désireux d'augmenter ses lumières; le négoce n'attire l'attention que de ceux qui s'y livrent dans le but de s'enrichir ; mais des aventures, souvent plus émouvantes que celles inventées par les romanciers, captivent l'attachement et la curiosité du plus grand nombre de lecteurs. Voilà pourquoi nous sommes portés à croire que les narrations des chercheurs d'aventures sont de nature à plaire à tous les lecteurs en les instruisant.

Ainsi qu'on a pu le voir dans un précédent ouvrage, *les Chasseurs en Nubie*, nous avons trois personnages bien distincts; ils vont continuer à jouer les rôles principaux dans *les Chasseurs d'éléphants*. Nous conservons ce titre, quoiqu'ils aient eu à poursuivre d'autres animaux que les éléphants ; car, quand un chasseur s'aventure dans cette mystérieuse Afrique, qu'un poëte latin nomme la puissante mère des lions, il peut bien répéter cet axiome : « L'homme propose et Dieu dispose. » L'expérience le lui confirme à chaque instant.

Dès que l'homme met le pied dans les déserts ou dans des contrées parcourues par des populations sauvages, farouches et sanguinaires, il faut de toute nécessité qu'il renonce aux habitudes de la civilisation : il se trouve en face d'une nature animée semblable à celle qui vit les hommes primitifs ; il ne fait pas un pas en avant sans rencontrer un danger prévu ou imprévu ; tous ses sens entrent dans une activité épuisante, s'il n'est pas doué d'une grande vigueur de corps et d'une forte énergie d'esprit. Entend-il un bruissement dans les buissons, un frémissement dans la sombre profondeur des forêts ; les vents lui apportent-ils des rumeurs lointaines, indéfinies, il faut qu'il se mette sur ses gardes, qu'il apprête ses armes. Le hideux reptile glisse peut-être dans le fourré ; la hyène, la panthère ou d'autres carnassiers plus dangereux encore, sortent peut-être silencieusement pour le surprendre. Sait-il si les murmures qui traversent les airs ne sont pas les échos affaiblis du rugissement du lion? Dans les grandes forêts aux dômes impénétrables aux rayons ardents du soleil, où règne souvent une clarté affaiblie, où les humbles arbustes périssent ou restent rabougris faute de soleil et d'air, la liane, cette vigne sans raisins, laisse pendre ses lacets émaillés de fleurs odoriférantes; mais qu'il prenne garde : là aussi est un danger d'autant plus à éviter que la force, la balle, le tranchant du coutelas ne le préserveront pas. Des milliards d'insectes tombent sur lui, le couvrent de la tête aux pieds, pénètrent jusqu'à sa peau et la criblent de petits dards empoisonnés; il s'enfuit, mais comme la biche qui court emportant le trait dans son flanc. Pour se débarrasser de ces ennemis que leur nombre seul peut rendre visibles, il allume un feu à la fumée épaisse et s'en enveloppe comme une idole des peaux noires. Hélas! il se soustrait au danger pour éveiller un autre danger : l'Arabe sauvage et perfide, le nègre brut et sanguinaire, rôdent aux alentours; le hasard lui a fait éviter leur rencontre, la fumée le décèle; les criailleries des singes, les voix discordantes des oiseaux mis en émoi le trahissent; et les rôdeurs, les pillards, les assassins arrivent en silence. La flèche empoisonnée siffle, la zagaie à la pointe durcie au feu ou armée d'un fer aigu, le percent quand il se croit en sûreté dans son rempart mobile de fumée.

Ne croyez pas que les ombres de la nuit vont

apporter une relâche à ses souffrances, le préserver des dangers ; cependant la nuit n'étend-elle
pas son manteau de ténèbres sur la terre pour
en faire cesser l'agitation, pour envelopper tous
les êtres dans un repos commun et réparer par
le sommeil les forces épuisées du corps tourmenté par les fatigues de la journée?

C'est durant les heures sombres et silencieuses
de la nuit que les carnassiers se mettent traîtreu-
sement en campagne. Il distingue, à travers les
bois, la phosphorescence de leurs yeux ardents,
il entend le hurlement plaintif de la hyène, les
glapissements du chacal ou les rauquements
saccadés du tigre. Le moustique cherche aussi
sa proie, la chaleur du jour l'a attiré ; il veut
boire du sang, ce petit carnassier qui se rit de
ses efforts, de sa force et de ses armes. Ne
sonne-t-il pas de son clairon provocateur?

Mais il cherche la plaine, le malheureux chasseur ; c'est sur sa surface, si elle offre de la verdure, des bouquets d'arbres, de l'eau, que sa
balle atteindra la légère gazelle, un buffle errant,
ou tout autre animal sur la chair duquel il
compte pour apaiser les tortures de la faim. Des
bandes de sangliers féroces, comme tout ce que
produit cette mère des monstres, cette brûlante
Afrique, la couvrent, et le forcent à chercher un refuge derrière les grands arbres. Un rhinocéros au
souffle puissant passe comme un tourbillon, suivant la ligne droite ; malheur à l'obstacle qu'il

1..

rencontre; il est brisé et broyé sous ses pieds : la balle s'aplatit et rebondit sur sa cuirasse rugueuse.

Et ce chasseur, comme nos trois personnages, n'était venu en Afrique, dans cette partie de terre que les deux grands affluents qui forment le véritable Nil, entourent d'une ceinture d'eau, que pour chasser le puissant éléphant, qui ne cherche que la pâture et le calme du désert ; répétons donc : « L'homme propose et Dieu dispose. »

Nous avons dit que nous divisions les voyageurs en trois classes distinctes ; nos trois personnages en représentent deux ; le bon Allemand cherche l'instruction avant tout ; l'esprit de recherche appartient aux blonds enfants de la Germanie, à ces natures rêveuses qui ont les yeux tournés vers le passé, ne s'occupant guère du présent que pour pénétrer l'avenir ; bonnes gens, sur l'amitié desquels on peut compter quand on l'a obtenue, et qui la donnent assez facilement.

Le Français d'Aurigny, quoique poussé aux courses lointaines par sa nature un peu exceptionnelle, conserve cependant le type du caractère national. Des romanciers se sont complu à représenter le Français comme léger, changeant, et incapable d'entreprendre des choses qui exigent de la persévérance et de la suite dans les

idées ; c'est une injustice qu'il faut leur pardon-
ner, comme on a pardonné celle des écrivains qui
ne voyaient dans tout Français que des marquis
ridicules ou des maîtres de danse. Notre époque
a fait justice de ces préjugés de nationalité ; les
voyageurs utiles à la science ne manquent pas,
et si les sources du Nil sont réellement découvertes, les étrangers ne pourront en revendiquer
l'honneur.

Des Français explorent ces contrées encore inconnues, et l'expédition scientifique et
commerciale, partie de l'Egypte, est dirigée
par un Français. N'est-ce pas aussi à un Français
que la terre des Pharaons devra la prospérité
que lui assure le canal de Suez? Cette entreprise, poursuivie avec une infatigable persévérance au milieu de tous les obstacles que la ja-
lousie anglaise lui a suscités, prouve cependant
que les Français sont capables de mener à bonne
fin les entreprises les plus gigantesques et les
plus profitables aux nations. L'égoïsme anglais
voit la prospérité de l'Egypte et du littoral de la
Méditerranée dans un avenir peu éloigné, et
peut-être l'affranchissement des Indes; pouvait-il
songer à la prospérité du reste de l'Europe?

Nous ne savons dans quelle catégorie placer
notre troisième personnage ; il est Anglais, énor-
mément riche, blasé sur tout, excepté sur la re-
nommée : il veut qu'elle fasse retentir pour lui
toutes ses trompettes. A défaut de capacités su-

périeures, il a les excentricités. Sortir du sens commun, c'est se rapprocher de la folie. L'Anglais voyage par dégoût de la satiété ou par monomanie de l'or. Nous laisserons aux lecteurs le soin de classer notre lord voyageur.

LES
CHASSEURS D'ÉLÉPHANTS.

CHAPITRE PREMIER.

Départ de Karthoum. — Accidents de la navigation. — Arrivée imprévue de sir Arthur Caverly. — Il va à la découverte des sources du Nil Blanc. — Il change de projet et les joint dans le désert. — Aventures de chasse.

Une introduction à cette seconde partie est nécessaire. Nos chasseurs, depuis leur retour à Karthoum, avaient été victimes de la maladie qui atteint tous ceux qui ne sont pas acclimatés, et surtout les Européens. La forte constitution de d'Aurigny le tira, comme on dit vulgairement, d'affaire en peu de temps : il n'en fut pas ainsi de son ami Othon, atteint d'une dyssenterie grave : il fut réduit à la dernière extrémité ; son ami d'Aurigny ne l'abandonna pas, et, grâce aux soins qu'il lui prodigua, le bon Othon put se lever trois semaines après leur retour à Karthoum.

Durant ce temps-là, bien des choses s'étaient passées dans cette capitale de la Nubie égyptienne. Le pacha, qu'ils y avaient trouvé établi dans toute la puissance des pachas éloignés du centre du gouvernement, était rappelé au Caire. La partialité qu'il montrait aux voyageurs anglais paraissait être la cause de ce rappel. Mohamed-Ali n'aimait pas les Anglais, dont la politique astucieuse avait déjoué ses plans à Constantinople; leurs voyageurs savants lui paraissaient autant d'explorateurs commerciaux; à tort ou à raison, Mohamed-Ali les détestait. Le pacha rappelé, soit qu'il eût été corrompu, ce qui n'est pas extraordinaire chez les fonctionnaires musulmans, soit qu'il n'eût pas parfaitement compris les intentions du divan du Caire, avait laissé circuler plusieurs expéditions anglaises, décorées du nom de scientifiques, sur les cours du Nil Bleu et du Nil Blanc. C'est la cause assignée à son rappel : il n'avait instruit de rien le pacha, et Mohamed-Ali n'était pas homme à souffrir que ses ordres fussent mal exécutés. Le nouveau pacha se trouva être un tout autre homme.

Dès son arrivée à Karthoum, il s'informa des voyageurs français : ayant appris qu'ils vivaient dans une maison isolée, où la maladie les retenait, il s'y rendit, peu accompagné, leur remit des lettres de Linant-Bey, et les assura de toute sa protection. Ils apprirent par ces lettres une chose qui les surprit : lord Arthur Caverly, leur ancien associé, préparait une expédition à Boulacq et se proposait de tenter la découverte des sources du Nil. Linant-Bey leur conseillait d'agir isolément et de rendre compte au gouvernement égyptien de tout ce qu'ils pourraient apprendre de cette seconde expédition, prétendue scientifique. Le pacha nouveau avait mission de favoriser leurs entreprises et de leur fournir l'argent dont ils auraient besoin.

Dans leur entretien avec le pacha, celui-ci leur dit qu'il avait ordre d'envoyer une expédition vers les sources du Nil Blanc, et que son gouvernement désirait la mettre sous leurs ordres, dans la supposition qu'ils se trouveraient à Karthoum ou à peu de distance. Ce pacha était un ami intime de Linant-Bey, et tout dévoué à son gouvernement, dont il appréciait les réformes civilisatrices. Il combla nos deux chasseurs de prévenances, et eut l'habileté de gagner leur affection.

Othon, dont les goûts scientifiques se trouvaient flattés par cette proposition, n'eut pas beaucoup de peine à déterminer son ami, qui se croyait prédestiné à la chasse des éléphants. Ils attendaient le rétablissement complet de l'Allemand, et la saison favorable à leur nouvelle entreprise. Une cauge égyptienne ramenait au Caire le pacha remplacé ; les deux amis en profitèrent pour faire parvenir à Linant-Bey les objets les plus précieux du commerce de Karthoum, et pour le prévenir de leur découverte de sables aurifères. Joussouf blâma cette communication : si Mohamed-Ali, leur dit-il, en est informé, il en voudra le monopole ; peut-être exigera-t-il la remise de la moitié de ce que vous avez recueilli, et cela à titre de propriétaire du sol, qui n'est pas cependant dans la circonscription du pachalik de Karthoum.

Il est probable que Joussouf avait raison ; mais les lettres se trouvaient en route pour le Caire, on ne pouvait remédier à cette imprévoyance. Dans un centre de commerce comme l'était cette ville, les deux amis, par l'entremise de Joussouf, trouvèrent des marchands qui échangèrent leur poudre d'or contre des perles, des diamants et des marchandises de prix et d'un petit volume. Le lavage précipité, exécuté sur la rivière même d'où ils avaient tiré les sables aurifères, avait laissé une quantité notable de parcelles de sable ; il y eut à la fusion en lingots, opérée par un Juif sous la surveillance de Joussouf, un déchet de près d'un quart dans le poids. Malgré cela, ils se trouvèrent en possession d'une valeur considérable, soit en lingots, soit en marchandises précieuses. La soif de l'or, ainsi qu'on a pu le voir précédemment, s'était manifestée chez nos deux amis, mais ne les avait rendus ni égoïstes ni avares. Joussouf et les deux serviteurs de d'Aurigny reçurent, de ces trésors, une part en rapport avec leur condition et leurs services.

— Si je me trouvais en France, dit le serviteur Pierre, j'y resterais, parce que j'ai de quoi vivre honorablement désormais; je suis en Nubie, à votre service, eussé-je dix fois plus que ce que vous m'avez attribué, je ne vous quitterais pas; c'est aussi l'opinion de mon camarade; ainsi, monsieur d'Aurigny, veuillez mettre en sûreté notre petite fortune, et nous vous suivrons là où vous irez : si l'un de nous y laisse ses os, l'autre sera son héritier; si nous n'en revenons ni l'un ni l'autre, le tout vous restera. Enfin, si vous retournez en France, vous y connaissez nos parents et vous ferez pour eux ce que vous croirez juste de faire.

Ils eurent aussi la preuve d'un autre attachement, qui les surprit par son étrangeté. Le jeune Nubien, qu'ils avaient laissé au village sur le fleuve Blanc, fut vendu comme esclave à une caravane arabe. Il put s'échapper, traversa ces contrées sauvages, sans armes, en courant mille dangers, et supportant les plus cruelles privations. Il parvint à Karthoum, y découvrit la demeure des deux voyageurs, et vint se remettre à leur service; ce dévoûment les toucha et leur fit oublier le passé.

Joussouf leur dit en souriant :

— Le pauvre Hauk n'a pu supporter la privation de vos deux chiens, voilà pourquoi il vous est revenu.

Cela fit rire les deux amis, qui eurent l'attention de ne pas séparer Hauk de ses deux amis à quatre pattes. Chacun, dit Othon, devrait se classer aussi

judicieusement que ce Nubien. Je ne l'aurais pas cru
si près des bêtes, ou nos chiens si près de lui. Par
l'ordre du pacha, quatre grandes cauges furent mises
à leur disposition ; leur fond était plat, afin d'avoir
un moindre tirant d'eau et de pouvoir ainsi remonter
le fleuve Blanc aussi loin qu'il serait praticable. Cinquante soldats égyptiens et arabes composèrent l'expédition, pour le compte du pacha ; ils s'embarquèrent
dans trois des cauges ; la quatrième, qui se trouva la
plus grande et la mieux établie, fut destinée aux deux
voyageurs et à leur suite.

Le pacha Fuad-Ali, quoiqu'il ignorât la découverte
des sables aurifères faite par nos deux voyageurs,
soupçonnait cependant l'existence de ces richesses,
vers les sources du fleuve, vu la quantité de poudre
d'or que les caravanes apportaient de ces contrées. Il
en recommanda donc la recherche aux deux chasseurs,
et leur dit, dans le cas où ils réussiraient, d'établir,
dans le lieu même, un poste de soldats et d'expédier
une des cauges à Karthoum, avec toutes les indications
et les renseignements désirables.

Les deux chasseurs déposèrent une partie de leurs
richesses en lieu sûr, expédièrent l'autre au Caire, à
Linant-Bey, sur la probité duquel ils avaient le droit
de compter ; et, après s'être munis de tous les objets
que leur première excursion leur avait prouvé nécessaires, ils s'embarquèrent un jeudi matin, accompa-
gnés par le pacha jusque sur le port : non content de
leur faire cet honneur, le pacha fit transporter, dans
leur cauge, une grande quantité de provisions de bouche, et plusieurs caisses de vin et de liqueurs.

Mahomet a beau proscrire l'usage du vin ; ses
sectateurs ne se font pas scrupule d'en boire, et cer-
tains d'entre eux pourraient mériter une mention
honorable, dans une association bachique. Fuad-Ali
s'était débarrassé de ce préjugé, en vivant dans l'in-

timité des Français et des autres étrangers au service de Mohamed-Ali, sans cesser de rester musulman scrupuleux pour le reste.

Lors de leur première excursion, Othon avait souvent regretté de ne pas avoir emporté un cor de chasse; Allemand, il était musicien, il nous prouva même qu'il était excellent musicien. Cette fois, il n'oublia pas de se munir du meilleur instrument qu'il put trouver à Karthoum. Il acheta en outre de ces cornets en cuivre dont quelques conducteurs de chameaux se servent dans leur route, et entreprit d'enseigner les éléments de la musique à un de nos rameurs qui faisait danser ses compagnons aux sons du darabouck. Nous ignorions que Joussouf sonnait fort bien du clairon; le bon Othon en fut enchanté. Que ferions-nous sur le fleuve, me dit-il, si nous n'avions pas cette distraction? Nous verrons des crocodiles, vilaines et hideuses bêtes; peut-être quelques hippopotames, plus vilaines bêtes encore; de l'eau, des rives basses, des rochers qui n'offrent rien de pittoresque. Point d'émotions de chasse, point de lions, de tigres, de panthères; enfin point d'éléphants. C'est bien monotone; la pipe ne suffit pas comme assoupissant.

— Mais Othon, lui dis-je, vous avez une provision de papier et tout ce qu'il faut pour écrire notre voyage, ainsi vous oubliez la plus attachante de vos distractions?

— Je me garderais bien de l'oublier; car que ferai-je une partie des nuits, tandis que vous êtes à contempler les étoiles? Je choisirai ce temps pour ce travail, qui demande du calme et du recueillement. Une fanfare, au coucher du soleil, rend l'esprit gai; une autre au lever de ce brasier qui m'a déjà bronzé la peau, pour secouer le reste de sommeil. Durant le jour je serai assez occupé à me préserver des insectes, à gronder mon élève musicien, qui souffle dans son instrument comme un buffle noir, et la journée aura ainsi ses petites distractions.

— Mon cher Othon, vous en oubliez encore une; n'avons nous pas les provisions de Fuad-Ali?

— Vous m'y faites penser avant l'heure du repas, me répondit-il. Je suis d'avis que nous goûtions au vin du pacha, nous saurons quelle est sa provenance.

Ce fut en vidant un cruchon de vin de Chio que nous commençâmes notre navigation. Othon nous réjouit ensuite d'une fanfare, et tout le monde parut content.

— Nous partons sous d'heureux auspices, me dit Othon, *audaces fortuna juvat.* « Le bonheur aide les cœurs courageux, » s'écria-t-il.

— J'aimerais mieux, lui dis-je : « Dieu vient en à ceux qui mettent en lui leur confiance. » Au fait, qu'est-ce que la force de l'homme, surtout en face de cette immensité qui se déploie sur sa tête et autour de lui?

Nous avancions, favorisés par un vent d'est assez vif. Nos rameurs se reposaient sur leurs rames. Le fleuve, qui faisait un grand détour vers l'ouest, avait une grande largeur et de la profondeur ; ses rives bordées de roseaux élevés nous dérobaient la vue du pays en nous offrant une autre distraction ; des bandes d'oiseaux aquatiques se jouaient dans ses eaux, se perdaient dans les roseaux, puis s'élevaient en poussant des cris aigus. De temps à autre, la tête allongée d'un crocodile se montrait au-dessus de la surface, puis disparaissait sous l'eau.

— Ne verrons-nous pas d'hippopotames? demandai-je à Joussouf, qui avait fait partie de l'expédition d'Ismaïl-Pacha, dans la haute Nubie.

— Pas encore, me dit-il : celte bête est fort timide, et cette partie du fleuve est parcourue fréquemment par des bateaux, mais une fois le coude fait par le fleuve dépassé, je pense que nous en verrons fréquemment; les eaux y sont plus profondes, plus tranquilles, et le fond est tapissé de hautes herbes où paissent ces animaux.

— Combien de jours resterons-nous sur le fleuve, avant d'atteindre le village d'où nous l'avons descendu en douze jours?

— Les eaux commencent à décroître, me répondit-il, le courant a plus de force; nous mettrons vingt jours au moins avant d'atteindre le village.

— Lors de votre expédition, sous Ismaïl, vous avez dû recueillir quelques renseignements sur les contrées, Joussouf?

— Savez-vous, me répondit-il, comment nous communiquions avec les peuplades? A coups de fusil, quand elles ne venaient pas se soumettre, et en brûlant leurs villages de paille. Ismaïl est un terrible homme de guerre; cependant je l'ai vu une fois se montrer humain pour un vieil Arabe qui n'avait pas voulu quitter son village, et que nous tirâmes de sa hutte en feu.

— Comment Ismaïl lui montra-t-il de l'humanité, Joussouf? je suis curieux de l'apprendre. J'ai entendu parler de sa dureté envers les vaincus.

— C'est une histoire merveilleuse, me répondit-il, que celle de ce vieil Arabe : je l'ai eu huit jours dans ma tente, et il me l'a racontée dans tous ses détails.

— C'est à propos, lui dis-je; quand nous allons nous retirer dans la cabine, durant l'ardeur du jour, vous nous la conterez à Othon et à moi.

Joussouf sourit et me dit :

— Vous autres du pays froid de l'Europe, traitez de contes nos histoires ; ce n'est donc pas une histoire que je vais vous raconter, mais un conte merveilleux. Nous aimons ce genre de récit.

Il me tardait d'entendre Joussouf. Son récit devait être merveilleux, puisqu'il en convenait lui-même, lui dont l'imagination orientale s'imaginait que la terre et l'air étaient peuplés de génies bons ou malfaisants.

Nous sommes étendus sur des nattes, dans notre jolie cabine, le fleuve se déroule sous nos yeux avec ses rives verdoyantes, ses nuées d'oiseaux. A l'avant se tient un matelot, nu jusqu'à la ceinture, les rameurs sont des deux côtés sur les flancs, appuyant vigoureusement sur leurs rames. Tous sont presque noirs, grands, sveltes et maigres ; ces hommes n'ont que des muscles ; ils chantent, ils se trouvent donc contents de leur sort. Mon ami Othon fume philosophiquement, le menton appuyé sur la main, et, en face de moi, la belle et mâle figure de Joussouf se présente pleine de gravité. Il attend que nous lui demandions de commencer son récit.

— Vos seigneuries savent que je viens dans ces contrées pour la troisième fois. La première, j'étais sous les ordres du fils de notre sublime pacha, que Dieu étende sur lui ses bénédictions. Je n'étais pas simple soldat, mais le rang que je tenais n'était pas très élevé ; vous pouvez le comparer à celui d'un sergent dans vos troupes de l'Europe. Nous arrivions dans ces contrées par terre et par eau ; je faisais partie des troupes de terre. A environ cinq jours de marche du lieu où nous sommes, quelques soldats, lancés en éclaireurs en avant, furent assaillis par une troupe nombreuse d'habitants du pays, dont ils avaient tué quelques pièces de bétail ; un seul s'échappa et vint faire son rapport à Ismaïl. Sa colère éclata comme la foudre. Un village se trouvait en vue, nous eûmes l'ordre d'y tout massacrer et de l'incendier.

Les huttes se trouvèrent abandonnées, Ismaïl y jeta le premier brandon enflammé, et nous encouragea à seconder l'œuvre de l'incendie. D'une des huttes déjà en feu, sortit un vieillard semblable à un génie ; il se dressa de toute sa hauteur, et promenant autour de lui un regard indigné, il s'écria :

— Malheur aux incendiaires !... malheur ! malheur à ceux qui viennent apporter la dévastation et la mort dans des contrées paisibles !

Son grand corps se courba, je vis que l'indignation ne l'avait ranimé qu'un instant et qu'il succombait sous le poids des ans. J'en eus pitié : je retins les soldats qui se préparaient à le tuer et je le fis conduire derrière la troupe. Ismaïl en fut informé et me fit comparaître devant lui.

— Tu as épargné un vaincu, me dit-il de sa voix stridente ; pourquoi as-tu désobéi à mon ordre ?

— Magnanime général (il aimait qu'on lui donnât ce titre), j'ai vu un vieillard près d'être égorgé. Or, cet homme arrivait au terme de sa prédestination ; je n'ai pas voulu devancer l'heure de la mort. L'homme ne doit point anticiper sur les voies de Dieu, a dit le Prophète.

La colère d'Ismaïl s'éteignit comme par enchantement.

— C'était écrit, me dit-il. Retire-toi, soigne ce vieillard.

Cette clémence nous surprit tous. Ce vieillard nous parut prédestiné, et chacun le respecta.

Notre camp fut établi sur les ruines du village ; je me trouvai posté sur la lisière d'une forêt dont l'étendue allait jusqu'à l'horizon. Le vieillard se trouvait dans l'abri que nous nous étions ménagé ; en le voyant faire les ablutions et les prières des musulmans, je vis qu'il n'était pas païen et je m'intéressai d'avantage à lui.

Je lui fis donner des aliments, une natte pour dormir, et lui désignai l'endroit le plus commode pour le repos. Il ne proféra pas une plainte sur la dévastation qui venait de détruire son village, et s'étendit sur sa natte, en enveloppant sa tête du manteau que j'avais jeté sur son corps.

La nuit s'écoula sans alerte, et les sons des clairons nous avertirent du départ. Ismaïl jugea utile de laisser un poste dans ce lieu. Il m'en donna le commandement.

Je demandai au vieil Arabe s'il voulait aller rejoindre les siens.

— Je ne sais où ils se sont réfugiés, me répondit-il ; probablement au-delà du désert de sable, où tes soldats n'iront pas les poursuivre ; la vieillesse ne me laisse plus assez de forces pour les chercher et pour me défendre des bêtes de la forêt. Si tu me fais accompagner, l'habit de tes soldats les fera fuir, ou bien un combat s'engagera entre eux, et pour sauver ma misérable vie, celle de gens plus jeunes et plus utiles que moi sera sacrifiée ; laisse-moi ici, mes frères reviendront quand vous vous serez éloignés.

Je fis ce qu'il me demandait, et eus soin de veiller sur lui et de lui fournir des aliments. Vers le milieu du jour, à l'heure où l'excès de la chaleur force les hommes et les animaux à chercher des abris et le repos, j'allai m'étendre sur ma natte. L'Arabe me fit signe de m'approcher de lui.

— Le sommeil pèse-t-il sur tes yeux ? me demanda-t-il.

Je lui répondis que je ne cherchais qu'un abri contre le soleil.

— Eh bien ! prends place à côté de moi, et je vais

te raconter les étranges vicissitudes qui ont tourmenté ma vie.

Je suis né dans ce village, qui n'est plus qu'une cendre que le premier souffle de vent dispersera au loin ; ma vie a commencé, comme elle va finir, par le malheur et la souffrance. Que la volonté de Dieu s'accomplisse sur ma destinée !

J'avais quinze ans ; ma famille, qui vivait en partie des produits de sa pêche et de la culture de quelques champs de doura et de lentilles, nourrissait un petit troupeau de bœufs. Comme j'étais déjà fort et que je montrais une grande adresse à lancer une flèche, à me servir de la lance et de la massue, on me chargea de veiller sur le troupeau. Un soir, lorsque je revenais à la cabane, des hyènes attaquèrent une génisse qui était restée en arrière. Je laissai le reste du troupeau regagner le logis, et je courrus à la défense de ma bête. Elle reculait en se défendant de son mieux, et avait déjà atteint la lisière de la forêt où je craignais de la voir se réfugier. L'hyène est lâche et a toutes les ruses des lâches. Les deux maudites bêtes se traînaient comme des reptiles, cherchaient à pousser la pauvre génisse dans le fourré, où elles auraient bientôt fini avec elle, lorsque je les attaquai vivement.

La génisse épouvantée s'enfonça, en bêlant, à travers les arbres : les hyènes fuyaient devant moi, et la clarté du soleil avait disparu. Je me trouvai dans les ténèbres de la forêt, n'ayant plus pour guide que les beuglements de ma génisse. Tout-à-coup un bruit formidable roula sous le couvert des arbres : reconnaissant le rugissement du lion, la frayeur m'ôta la réflexion et je m'enfuis du côté opposé. Tant que les forces me le permirent, je courus, m'éloignant des lieux d'où les rugissements se faisaient entendre. Quand je tombai épuisé de lassitude et couvert de sueur, je me trouvais au milieu d'un fourré si épais,

que je ne sais pas encore comment j'avais pu y pénétrer. Après quelques instants de repos, ma terreur
persistant, je pensai que je ne me sauverais qu'en
allant toujours devant moi : je repris ma course, autant que les forces et les obstacles me le permirent.
Mes oreilles bourdonnaient, il me semblait toujours
entendre derrière moi le rugissement formidable du
lion.

Toute la nuit, je courus, je marchai et finis par
me traîner : enfin mes jarrets plièrent sous le poids de
mon corps; je tombai au pied d'un arbre, voulant
toujours fuir et ne le pouvant plus.

Que vous dirai-je? quand la forêt sortit de son
silence, quand les cris des oiseaux et les piaulements,
les mille clameurs des singes annoncèrent le lever du
soleil, j'étais encore étendu à terre, les yeux ouverts,
et ne distinguant pas les objets. Tiré de cette torpeur
par les rumeurs de la forêt, j'essayai de me dresser debout et ne le pus pas : mes jarrets se trouvaient
raides et glacés. Les arbres, moins rapprochés, laissant ma vue s'étendre au loin, je vis que j'étais à
peu de distance de la plaine, et, dans ma simplicité
ignorante, je m'imaginai que c'était celle qui touchait
à notre village : cette idée me ranimá; je me traînai
lentement hors de la forêt. Dès que mon corps fut
exposé aux rayons du soleil, je me sentis ranimé, et,
me levant sur mes jambes, je cherchai l'élévation où
notre village était situé; mais, ô désespoir! la plaine
était rase, sans arbres, sans verdure, sans buissons;
c'était le commencement du désert, dont j'avais si
souvent entendu parler. La faim me pressait; je pus
la calmer en mangeant quelques baies et des fruits que
j'avais aperçus sur la lisière de la forêt. Jusqu'alors je
ne m'étais éloigné de mon village que pour faire paître
le troupeau, ou aller sur le bord du fleuve aider mon

père et mes frères, dont la principale occupation était la pêche; je ne savais de quel côté tourner mes pas.

J'étais dans cette perplexité, lorsque je découvris au loin plusieurs chameaux qui couraient à droite et à gauche, et deux cavaliers qui fuyaient, de toute la vitesse de leurs chevaux, devant deux énormes lions qui les avaient presque atteints. La frayeur du lion donne quelquefois la mort, dit-on; je le crois, car la mienne se réveilla si forte que je me trouvai sur les branches les plus élevées d'un arbre voisin, sans m'être aperçu des efforts que j'avais dû faire pour y grimper. Me croyant en sûreté, j'osai reporter les yeux vers la plaine : un chameau étendu sur le sable devenait la proie des lions; l'autre n'apparaissait plus que comme un point mouvant vers l'horizon : mais je ne vis point les cavaliers.

Je me cramponnai aux branches, car je tremblais, et ne pouvais détourner les yeux de ce terrible festin. Quand les bêtes féroces, distraites de leur voracité par quelques bruits que je ne percevais point, levaient leurs têtes effrayantes, je croyais qu'elles m'avaient découvert, et qu'elles allaient accourir pour me dévorer aussi. Je tremblais, mes idées s'évanouissaient, mon existence était vivante dans mes yeux seuls, et mes yeux ne se détournaient pas des bêtes carnassières. Enfin l'horrible repas est fini; un des lions se dresse, la tête haute, interroge les environs, se courbe contre le sable et pousse deux rugissements qui ébranlent tous mes nerfs. Ils se dirigèrent lentement, à travers la plaine, repus de chair fraîche. Ils allèrent, sans doute, chercher des sources où étancher leur soif.

Ils avaient disparu depuis longtemps que je n'avais pas encore osé descendre de l'arbre; enfin, je vis des troupes de gazelles traverser la plaine sans avoir l'air effrayé, cela me rassura. Auprès de la carcasse du chameau, j'avais cru voir deux corps fort gros et immobiles; m'imaginant que c'était sa charge, je m'y rendis, rassuré par les passages de différents animaux qui n'eussent pas été si paisibles dans le voisinage du lion. C'était effectivement la charge du chameau, dont les os se trouvaient tout près. Un sabre recourbé et une lance étaient à peu de distance, je m'en saisis et m'approchai des deux ballots étendus à terre.

Les riches marchandises que contenaient ces ballots ne me tentèrent point : j'avais faim; des provisions de bouche me parurent un don dû ciel, et là où naguère les lions avaient pris leur pâture, je me mis à dévorer les provisions des voyageurs. L'ardeur du soleil devenait tellement intense que je fus obligé de regagner les ombrages de la forêt; la distance n'était pas grande, j'y traînai les provisions de bouche, sans songer aux autres marchandises. Un arbre se trouvait creux, j'en fis mon domicile, et je m'y installai de mon mieux, la nourriture m'avait rendu mes forces : j'étais à un âge où l'on n'a besoin que de vigueur pour attendre sans inquiétude de l'avenir. Je m'endormis si profondément que je n'ouvris les yeux que lorsque la plaine était sous l'ombre de la nuit. Rafraîchi par ce sommeil, je songeai à retourner à mon village; j'avais un sabre, une lance et des provisions; je me mis en route. Mais au lieu de prendre la direction de mon village, j'en pris une diamétralement opposée, et, au point du jour, je me trouvai dans un pays tout-à-fait inconnu, et au milieu de hauts rochers qui bornaient ma vue. J'eus le bonheur de découvrir une petite source, où j'étanchai largement ma soif.

Devant moi s'étendait un pays entrecoupé de collines, et parsemé de bouquets d'arbres, je m'y rendis pour y trouver de l'ombrage. Vous devez savoir quel bonheur on éprouve sous les ombrages durant l'ardeur du jour. J'y étais à peine que je vis sautiller, à quelques pas de moi, deux petits éléphants beaucoup moins gros que nos plus petites génisses. Leur vue ne m'effraya point; eux de leur côté ne parurent pas effrayés de me découvrir, tant s'en fallut. Un d'eux vint à moi, me palpa de sa petite trompe et se mit à gambader autour de moi; l'autre s'approcha à son tour, et me témoigna autant de douceur; je les flattai de la main, abaissai les branches des arbres, qu'ils broutèrent. Aussitôt, survint la mère. Sa trompe et ses oreilles se dressèrent à ma vue; mais les bons rapports déjà établis entre ses petits et moi parurent la rassurer. Elle s'approcha de moi, me palpa avec sa trompe, et se mit ensuite à abaisser les branches des arbres que ses deux petits s'empressaient de brouter.

Quand le mâle arriva, les bons rapports lui furent visibles ou communiqués, car il se montra bienveillant. Me voilà donc en société avec deux éléphants et leurs petits, mais si bien dévoyé de ma route que je ne savais qu'elle direction suivre. J'avais encore des provisions pour quelques jours; aussi je suivis mes nouveaux amis, sans réfléchir qu'ils me conduisaient dans le désert. La marche se trouvait trop rapide pour moi; je remarquai que les éléphants ralentirent la leur pour m'attendre; les petits folâtraient autour de moi avec un abandon que je partageais. La nuit, je remarquai que les éléphants ne se couchaient point, mais qu'ils s'appuyaient l'un contre l'autre, tenant les deux petits sous la protection de leurs trompes et de leurs défenses. Je me couchai près d'eux. La contrée se trouva hantée de bêtes féroces; toute la nuit les deux grands éléphants s'agitèrent, quittèrent plusieurs fois leur position pour faire une surveillance aux alentours; cependant nous ne fûmes pas inquiétés. Dès que le jour parut, mes nouveaux amis commencèrent à brouter les basses branches des arbres; leur tranquillité excita la mienne, et je cherchai de la nourriture à travers les arbres où croissaient des racines bien connues de moi.

L'éléphant mâle, qui s'était un peu éloigné, revint, et, par ses mouvements, témoigna de l'inquiétude. La femelle poussa doucement les petits dans l'intérieur du bouquet d'arbres, et aspira l'air avec sa trompe. Je m'étais rapproché; et voyant mes deux petits amis serrés entre le père et la mère, j'y cherchai aussi instinctivement une place. Près d'une heure s'écoula dans cette posture. La tête et la trompe des éléphants étaient seules en mouvement; enfin le mâle frappa violemment la terre, s'agita et fit entendre un grognement sourd. La peur me saisit; ne voyant rien autour de moi, je crus que ma présence irritait ces animaux. Un rauquement terrible m'avertit du voisinage d'une bête féroce; et presque aussitôt un grand tigre bondit entre les arbres, à vingt pas de nous.

Je me trouvais pressé entre les deux masses des grands éléphants et les corps des petits, qui semblaient ignorer le danger.

Le tigre s'était arrêté, à la vue des trompes levées en l'air et des formidables défenses qui lui étaient opposées.

Chose étrange! sa vue ne m'inspira pas la même terreur que celle du lion. Saisissant mon sabre recourbé, je me trouvai le courage de la défense. L'assaillant bondit autour de nous; mais les redoutables défenses se présentaient toujours devant lui. Tantôt il s'allongeait sur la terre, tantôt il se courbait en arc, comme pour s'élancer, mais son bond était de côté. Les têtes des éléphants y étaient déjà tournées, comme si ces intelligents animaux prévoyaient le but de ses ruses. Ces évolutions durèrent plus d'une heure. Le tigre se dressa, tourna la tête vers le pays découvert, il flairait une proie plus facile. Deux antilopes filaient dans les intervalles des bouquets d'arbres, le tigre bondit à leur poursuite.

Alors je fus témoin d'une scène qui me toucha; la femelle des éléphants se tourna vers ses petits, les caressa de sa trompe, en faisant entendre un sifflement doux : le danger venait de s'éloigner. Le mâle témoigna aussi sa satisfaction, mais avec plus de réserve.

J'étais bien jeune, complètement ignorant; cependant je compris ces animaux, et mon esprit se transporta dans notre cabane; j'avais aussi un père, une mère et des frères que mon absence devait inquiéter et que je regrettais vivement. La journée s'écoula paisiblement; des troupes d'animaux inconnus passèrent sous mes yeux sans manifester de crainte à la vue des éléphants; ce fut la première fois que je vis l'âne rayé (le zèbre), magnifique animal dont j'admirai l'allure aisée, les mouvements souples et la vigueur, que dénotaient ses bonds gracieux et longuement élancés. Toutes les branches accessibles se trouvant broutées, les éléphants partirent vers le soir et tirèrent vers le coucher du soleil. Ils furent encore obligés de m'attendre : leur pas ordinaire, une espèce de trot, allait plus vite que ma course.

Je tombai de fatigue, après de longues heures de course : mes provisions se trouvaient épuisées ; la faim se faisait sentir et je ne trouvais rien pour la satisfaire; la tristesse descendit sur mon esprit, je fis de bien tristes réflexions. Je comprenais bien que, ne pouvant vivre de feuilles, comme mes amis, et ne trouvant rien à manger, je mourrais d'inanition, si je continuais à les suivre; d'ailleurs ces marches prolongées et rapides étaient au-dessus de mes forces et m'éloignaient des lieux habités. Lors du départ je restai couché sur la terre; il est certain que les éléphants m'attendaient, je crus remarquer des mou-

vements d'impatience chez le mâle. Les deux petits me
soulevaient doucement avec leurs trompes, mais je ne
me levais point; la femelle vint à son tour, me flaira;
puis, rapprochant les deux espèces de doigts qui ter-
minent sa trompe, elle me souleva par l'épaule; je me
laissai retomber sur la terre, le mâle donna des signes
d'impatience et ils se mirent à s'éloigner : déjà ils
étaient à une centaine de pas, lorsqu'un des petits
revint et me roula doucement, puis se hâta de retourner avec les autres, à l'appel d'un sifflement strident

Je les regrettai, mais les suivre m'était impossible;
après avoir regardé autour de moi, je ne vis que des
plaines parsemées de bouquets d'arbres et parcourues
de temps à autre par de grands animaux inoffensifs.
Mon isolement, mon dénuement me parurent si
affreux, que je me laissai aller au désespoir; près de
moi se trouvait une masse de mimosas en fleurs, j'entendis un petit bruit en sortir, et, presque aussitôt, un
lièvre se jeta étourdiment contre moi; si je le saisis
avec ardeur, ce fut plutôt par instinct que par
réflexion. Malgré ses vigoureux efforts, je l'étranglai,
et lui ouvrant la gorge, je suçai le sang qui en sortait
tout chaud.

— Crois-moi, Egyptien, me dit le vieillard, l'homme
est comme les carnassiers, il aime le sang. Les habitudes seules, un raffinement de gourmandise lui ont
appris à dissimuler le meurtre par la cuisson, mais la
chair crue lui convient.

Je me servis de mon sabre pour découper le lièvre;
j'en dévorai une partie encore chaude et saignante, et
je trouvai cette nourriture bonne. Tu vas bientôt voir
que l'homme ne s'abstient pas de la chair de l'homme,
et qu'il y a des populations entières qui en font un
régal.

Voilà où s'arrêta son récit le premier soir.

CHAPITRE II.

Continuation du récit du vieil Arabe. — Rencontre d'une troupe de chasseurs d'autruches. — Esclavage. — Les tse-tse. — Epouvante. — Fuite. — La caverne merveilleuse. — Les génies de la terre. — Aventures dans la solitude. — Rencontre d'une caravane. — Elle est surprise par les nègres. — Les vainqueurs tombent au pouvoir de nègres antropopbages. — Horrible spectacle. — Fuite. — Les deux niams-niams. — La barque. — L'ancien esclave leur hôte. — Retour à Karthoum, et ensuite à son village.

Le vieil Arabe continua ainsi le lendemain : Durant plusieurs jours, ma vie fut si monotone que je ne t'en parlerai pas. Croyant toujours que mon village natal se trouvait à l'ouest, c'est toujours vers ce point que je me dirigeai ; mais je ne trouvais que des solitudes ardentes ou des déserts de sables plus brûlants encore. Un soir j'aperçus, vers la gauche, une petite colonne de fumée qui s'évaporait aussitôt dans l'air : mon cœur bondit de joie; là, devaient se trouver des hommes ; c'étaient des nègres qui allaient chasser les autruches, ils m'accueillirent assez bien, mais ils me dépouillèrent de mes armes et de la pauvre tunique qui me couvrait les reins. Ils me donnèrent une vieille peau trouée pour échange. Leur troupe était nombreuse, et avait des dromadaires, des chevaux et des mulets. Je compris bientôt qu'ils voulaient faire de moi un esclave : j'en fus indigné; mais je me tus et me prêtai à tout ce qu'ils exigèrent de moi. Souvent, dans mon enfance, j'avais entendu parler du pays des autruches, que l'on désignait entre l'ouest et le nord, ce fut alors que je commençai à comprendre mon erreur de route; je résolus de m'échapper et de descendre vers le sud, où je savais alors que coulait le Bar-el-Abiad (fleuve Blanc).

La marche des chasseurs se faisait rapidement, ils étaient tous sur des montures; on m'avait installé sur un buffle très vigoureux, dont l'allure me fatiguait horriblement. Le second jour de marche, les hommes qui allaient en avant en chassant, revinrent en donnant des signes d'effroi. Tous firent cercle autour d'eux, et après une courte explication, ils changèrent brusquement de direction, sortirent des bas-fonds ombragés et s'aventurèrent dans une plaine aride. Voici la cause de cette détermination : les chasseurs avaient rencontré des essaims de petites mouches aux longues ailes, nommées dans le pays tzé-tzé, ou tse-tse. Leur piqûre tue infailliblement les animaux et ne cause qu'une légère démangeaison à l'homme; elles rendent des contrées entières inhabitables.

Cette nouvelle jeta une véritable épouvante dans la troupe des chasseurs, et ce fut en profitant de cette confusion que je pus m'éloigner d'eux. Outre ma personne, le buffle portait deux grands sacs de cuir pleins de grain et d'autres provisions, et un faisceau de flèches avec plusieurs arcs. Ce fut un bonheur pour moi; car en voulant m'éloigner des chasseurs je me rapprochais des lieux où se trouvaient les redoutables insectes. Mon buffle en fut assailli et refusa de marcher : sa vue était troublée; il tomba, et je fus forcé de l'abandonner et de chercher un abri sur des rochers. Malgré les piqûres des tse-tse, j'avais emporté un arc et des flèches, et le plus de provisions que je pus. Ce fut sous un avancement de rocher que je m'établis et que je pris une nourriture dont j'avais grand besoin.

A la nuit, je crus entendre le bruit du trot allongé des dromadaires : la crainte s'empara de moi, et croyant que les chasseurs me poursuivaient, je m'enfonçai sous les rochers. Tout-à-coup, le sol manqua sous mes pieds, et je roulai le long d'une pente assez douce, jusqu'à une grande profondeur, où je fis une chute élevée. Je suis tombé dans un abîme, me dis-je, je suis perdu ! Mon corps ne se trouva qu'un peu contusionné, je me dressai, élevai la main pour toucher la voûte ; mais elle ne rencontra que le vide, le vide aussi des deux côtés. Je n'osai avancer, alors je distinguai un petit bruit qui se répétait à intervalles égaux; il était si faible que j'eus besoin de toute mon attention pour le saisir. J'avançai un pied, il se posa sur une couche de sable ; je m'enhardis, m'avançai avec les plus grandes précautions, et reconnus bientôt que ce faible bruit était produit par les gouttes d'eau qui tombaient de la voûte. Je me baissai et touchai de la main une nappe d'eau fraîche. Je la sondai, elle n'avait pas de profondeur ; je portai à ma bouche de cette eau et je la trouvai délicieuse. Avançant, en tâtonnant, sur le bord de la nappe d'eau, je touchai le rocher; je le suivis toujours les pieds et les mains posés avec la plus grande précaution : le sol s'élevait, mais la voûte n'était pas à la portée de ma main; enfin j'arrivai dans un lieu où mes pas acquirent un singulier retentissement. Je crus que je marchais sur un corps sonore, et que tout autour de moi avait la même propriété. Je me heurtai contre une masse qui rendit aussi un son; ma main la palpa, elle était ronde, froide et très unie. Il me fut impossible de m'expliquer ce que ce pouvait être ; d'autres encore se trouvaient à de faibles séparations, il me sembla que j'errais dans une forêt de pierres sonores. La fatigue me ferma les yeux et ce fut le dos appuyé contre une colonne que je m'endormis.

Egyptien, tu vas refuser de me croire, j'en dou-

terais moi-même, si ce que je vis et entendis n'était
pas profondément gravé dans ma mémoire. Je ne sais
si ce fut une réalité ou l'illusion d'un songe merveilleux, mais je crois le voir encore, quoique bien des
fatigues, bien des tourments et surtout bien des années
aient pesé, depuis ce temps, sur ma tête.

Le lieu où je me trouvais fut tout-à-coup illuminé,
et les corps contre lesquels je m'étais heurté brillèrent
et projetèrent tant de rayons de lumière que j'en fus
d'abord ébloui. L'espace était vaste et rempli de ces
colonnes qui affectaient des formes que je ne puis te
définir. La lumière montait jusqu'à une haute voûte
sombre, s'éparpillait de tous côtés et rayonnait comme
celle d'un soleil souterrain. Tandis que je restais dans
l'admiration, une foule de petits êtres, qui n'eussent
pas atteint à ma ceinture, sortirent d'entre les colonnes, descendirent vers le bassin ; j'entendais le bruit
de l'eau dans laquelle ils se plongeaient, et des voix
douces qui annonçaient le contentement.

— Je suis dans le royaume des esprits de la terre,
me dis-je, ils vont m'ôter la vie !

A peine j'avais fait cette réflexion, que la petite
troupe remonta la rampe et vint m'entourer.

— Génies des entrailles de la terre, leur dis-je en
levant des mains suppliantes, ayez pitié d'un malheureux esclave que le hasard et non la curiosité a con-
duit dans votre royaume, pardonnez-lui.

Un d'eux s'approcha plus près de moi, me prit la
main et me commanda de le suivre ; j'obéis en trem-
blant. Nous traversâmes la salle immense où brillaient
tant de colonnes, et entrâmes dans un couloir, qui
s'éclaira devant mon guide. Nous marchâmes longtemps sous des voûtes peu élevées, et mon guide,
levant tout-à-coup la main, attira mon attention. A
travers une large fissure, je vis briller les flambeaux
du ciel dans les espaces insondables que Dieu seul

peut embrasser du regard. Ma joie fut immense, je tombai à genoux et ne pus prononcer une seule parole.

Quand je me relevai, mon guide n'était plus à mon côté, la transparente obscurité de la nuit m'enveloppait; je voulus étendre les bras, je rencontrai les colonnes froides et nues, et l'obscurité la plus profonde régnait autour de moi. J'étais au lieu où je m'étais endormi; avais-je rêvé?

J'écoutai le silence profond dans lequel j'étais plongé; je n'entendis que les battements de mon cœur. Tout ce qui s'était passé, quelques instants auparavant, était si visiblement gravé dans mon esprit, que je me levai, me dirigeai sans erreur jusqu'au couloir; j'en suivis le prolongement, comme si ce passage m'eût été connu, et j'arrivai à la fissure, d'où je vis le ciel étoilé. La belle constellation de la croix du sud brillait à travers la frange bleue de l'horizon. Ce fut avec hâte que je sortis du couloir et que je descendis une pente rapide qui aboutissait à une vallée où j'entendis le murmure d'un ruisseau; j'y étais à peine arrivé pour étancher ma soif que le soleil apparut et me permit de distinguer au loin les objets. A l'extrémité de la vallée, m'apparurent des huttes, le mugissement des buffles vint jusqu'à mes oreilles. J'y courus, heureux de pouvoir rencontrer des hommes : des nègres de haute taille, à l'air farouche, m'entourèrent. Ne comprenant pas leur langage, je m'efforçai de me faire entendre par signes. Je fus trop bien compris, par rapport à la caverne d'où je sortais, car ils s'éloignèrent de moi avec des marques de terreur; un d'entre eux, que je reconnus, aux amulettes qui le couvraient, pour un magicien, accourut, et poussant de grands cris, il me chassa devant lui. J'eus beau faire signe que j'avais faim, il me chassait impitoyablement. Enfin, un vieillard s'avança, il me jeta un

morceau de chair et s'enfuit. Désespéré de ce cruel
accueil, je revins au bord du ruisseau où je m'assis et
pleurai. Les nègres m'observaient, cachés derrière des
buissons, plusieurs se montrèrent avec des armes.
Il fallait m'éloigner ; je marchai une partie de la journée et entrai dans une espèce de sentier où je vis des
fientes de dromadaires et de chevaux. Je le suivis
jusqu'au soir ; j'allais monter sur un arbre pour y
passer la nuit à l'abri des bêtes féroces, quand j'aperçus la lueur de plusieurs feux ; je me dirigeai de ce
côté. C'étaient les feux d'une caravane; la vue de
quelques turbans me rassura, et, quoique mon arrivée surprit les voyageurs, cependant ils ne me repous-
sèrent point. Cette caravane était composée d'Arabes
parlant ma langue, et d'autres gens de différentes nations. Un Egyptien d'un aspect grave me conduisit
auprès de ses chameaux, me donna de la nourriture,
et me conseilla de me reposer auprès de ses ballots :
lui-même s'étendit à côté de moi.

Cette caravane se rendait vers le haut du Bar-el-
Azrack, fleuve Bleu, commerçant le long de la route ;
elle devait rapporter, en échange des marchandises de
peu de valeur, de la poudre d'or, des gommes, et ramener des esclaves en partie Abyssins.

Mon protecteur me témoigna une bienveillance singulière ; quoique les vivres ne fussent pas abondants,
cependant il ne m'en laissait point manquer ; j'avais
soin des chameaux, recueillant, sur la route, les tiges
des arbrisseaux et tout ce que je pouvais trouver pour
leur nourriture. De nombreux villages se montraient
sur notre route, et le commerce devenait avantageux ;
que de peuplades différentes j'eus l'occasion de voir !
Je remarquai que, plus nous remontions le cours du
fleuve, que nous ne perdions jamais de vue plus d'un
jour de marche, plus les peuplades se montraient farouches et repoussantes ; les traits de leur visage de-

venaient de plus en plus grossiers, elles paraissaient en hostilités continuelles les unes avec les autres. Comme elles possédaient de nombreux troupeaux, leurs pillages tendaient à se les enlever ; aussi tous les hommes étaient armés de lances, de flèches et de lourdes massues. A notre approche les peuplades commencèrent à se montrer hostiles : souvent les villages étaient désertés. La caravane marcha avec plus de précautions ; malgré cela, plusieurs chameaux furent volés, ainsi que deux chevaux. Nous ignorions qu'un des chefs les plus puissants de la haute Abyssinie se trouvait en campagne et chassait devant lui ou subjuguait toutes les populations de la rive droite du fleuve. Une nuit, notre campement fut environné, et au jour nous sentîmes que toute résistance était impossible : le nombre des ennemis se trouvait trop supérieur au nôtre.

Les nègres se jetèrent sur nous avec fureur, emportant les ballots avec nos armes, puis ils se partagèrent les animaux ; enfin notre tour arriva, on nous réduisait à l'esclavage, nous qui venions leur acheter des esclaves. Je devins le partage d'un nègre hideux, ainsi que mon patron et un de ses chameaux, et aussitôt il prit la route de l'intérieur des terres en nous chassant devant lui comme des animaux. Ce fut mon ancien patron qui soutint mon courage par sa résignation.

— Enfant, me disait-il quand je paraissais m'abandonner au désespoir, prends courage, c'était écrit là-haut.

— Egyptien, je vais encore te raconter des choses qui te paraîtront étranges, mais je puis te les affirmer; alors je ne pouvais pas me croire abusé par une hallucination.

Le nègre au pouvoir duquel nous étions tombés avait quatre hommes avec lui; deux me parurent être ses fils. Dès le troisième jour de notre marche il montra une inquiétude qui se traduisit par les précautions qu'il prit pour assurer sa route. Deux hommes marchaient toujours en avant et revenaient souvent faire leur rapport. Son inquiétude devint telle qu'il nous donna des armes et nous fit entendre, par signes, que nous devions nous en servir pour protéger notre vie. Il nous fit des signes que je ne compris point, mais que mon compagnon comprit parfaitement.

— Cela veut dire, mon enfant, que si nous tombons entre les mains de ces peuplades, elles nous mangeront comme des buffles.

— Alors, lui répondis-je, il faut combattre jusqu'à la mort : j'aime mieux mourir en me défendant que d'être mangé comme un animal immonde.

— C'est bien, me répondit-il ; mais nous avons mieux à faire : on nous a enlevé la liberté, c'est à nous de la reprendre si nous le pouvons ; des deux côtés nous avons les mêmes dangers à craindre. préférons le parti qui peut nous rendre à la liberté.

— Je ferai ce que je te verrai faire, lui répondis-je.

— Eh bien ! ne me perds pas des yeux et sois alerte et hardi.

Nous entrions dans une forêt épaisse ; les éclaireurs revenaient à chaque instant, et le nègre trépignait d'impatience ; il était descendu de son chameau et marchait la lance à la main. Depuis plusieurs heures nous avancions sous les épais ombrages de la forêt. Les feuilles tombées amortissaient le bruit de nos pas ; les seuls bruits que nous entendions paraissaient provenir des oiseaux et des singes qui sautaient de branche en branche en criaillant. Tout-à-coup un cri horrible retentit dans la forêt ; mon ancien patron me fit signe de me courber auprès de son dromadaire : il mit un pied sur mon épaule et se lança sur son dos, ensuite me tendant la main il me hissa devant lui.

— Tu as un arc, me dit-il, tue le premier qui se présentera devant nous.

Et tout en parlant il faisait rebrousser chemin au dromadaire. Mais nous étions entourés; mon arc ne put se tendre qu'une fois, un assaillant tomba et nous fûmes au même instant attirés à terre, liés et fort maltraités. Le nègre se battit avec la rage du désespoir, mais il tomba sous le nombre, et on nous emmena vers l'extérieur de la forêt.

Tandis que je me livrais à une colère furieuse, mon ancien patron me dit froidement :

— C'est écrit là-haut.

— Mais ils nous dévoreront, lui dis-je.

— Que veux-tu, mon enfant, c'était écrit !

J'étais bien éloigné de partager cette résignation.

Vers le soir, épuisés de fatigue, mourants de faim et surtout de soif, nous aperçûmes une multitude de huttes éparses sur la pente d'une colline ; c'était le village de nos nouveaux maîtres. Nous pressentîmes aussitôt le sort qui nous y attendait ; des femmes, des enfants accoururent au-devant de nous et se mirent à nous passer les mains sur le corps.

— Nous sommes les plus maigres, me dit l'Egyptien d'une voix résignée, nous serons mangés les derniers.

Je tremblais de tout mon corps, mais bientôt ma frayeur devint de l'épouvante. Trois des noirs, qui avaient été pris avec nous, tombèrent sous les coups de massue : la peuplade antropophage mit leurs corps en lambeaux, jetant les uns sur des brasiers que d'horribles femmes attisaient activement, ou dans une grande chaudière sous laquelle brûlait un grand feu.

— Enfant, me dit mon stoïque compagnon, ne te désespère pas, nul ne peut échapper à la fatalité ; si tu dois être grillé ou bouilli, tes plaintes ne t'en préserveront point.

Loin de me calmer, ces paroles m'irritèrent : j'allais lui répondre avec amertume, quand j'entendis des cris affreux. Ces barbares se mirent à sauter autour des feux, hurlant à qui mieux mieux. De temps en temps, un des danseurs s'arrêtait et plongeait un pieu dans la chaudière pour reconnaître l'état de la cuisson. Enfin la danse cesse, les hurlements s'éteignent, la foule empressée se jette en grondant comme des chiens affamés sur ces mets horribles Une vieille s'enfuit avec une tête fumante : elle la tenait par les cheveux, que l'on n'avait pas pris le temps de raser. Chacun s'empara du morceau qu'il put saisir ; d'autres venaient les leur disputer ; de ma vie je n'ai rien vu de plus horrible, rien de plus terrifiant. Un coup de coude de mon compagnon me tira de ma stupeur d'épouvante.

— Délie mes bras avec tes dents.

Je le fis avec une espèce de rage, et j'eus bientôt mis les liens en pièces ; il me rendit le même service.

— Viens, tandis qu'ils se battent, me dit-il.

Je le suivis ; les chevaux et les chameaux étaient attachés à des arbres. Il saute sur le sien, j'en saisis un autre et nous nous lançâmes au galop vers la forêt. Te dire ce que je ressentais me serait impossible ; mes oreilles sifflaient, un nuage était devant mes yeux et mes mains cramponnées à la selle. Des cris affreux retentirent derrière nous ; mon compagnon harcelait les flancs de son cheval, le mien le suivait avec ardeur. En entrant dans la forêt, une branche d'arbre me frappa en pleine poitrine et m'envoya tomber dans un buisson épais où je restai évanoui. Je ne sais combien je restai en cet état ; en ouvrant les yeux je vis l'Égyptien près de moi.

— Si tu peux me suivre, me dit-il, nous avons quelque espérance ; je ne t'abandonnerai point.

Je me soulevai, ne sentant qu'une douleur sourde à la poitrine ; je lui répondis que j'étais prêt à tout.

— Ecoute-moi, je vais t'expliquer ce qui s'est passé. Débarrassé du poids de ton corps, le cheval a rattrapé le mien : j'ai tout compris, et, me jetant à terre, j'ai lancé les deux chevaux effrayés vers la plaine ; des bêtes féroces, chassées par les hurlements de ces monstres humains, y rôdent probablement ; elles vont poursuivre les chevaux, et ceux qui courent à notre recherche seront dépistés pour quelque temps, s'ils n'ont pas affaire à des bêtes féroces. Le Bar-el-Azrack doit se trouver à peu de distance, dans la vallée du levant ; viens, peut-être que nous ne devons pas laisser ici nos os.

Me sentant ranimé par l'espérance, j'oubliai ce que je souffrais et le suivis rapidement. Ce fut à peu de distance du village des mangeurs d'hommes que nous passâmes ; aucune rumeur ne s'en élevait : probablement que toute la population était à notre poursuite. Une hutte isolée s'offrit tout-à-coup devant nous ; pas un bruit n'en sortait. L'Egyptien y entra et revint avec une lance, une massue et une petite hache ; comme il était déjà armé, je le fus aussi. Ce qui nous causa presque autant de joie fut un quartiér d'antilope encore frais. Nous allions avec toute la rapidité que nous permettaient les obstacles du terrain et nos fardeaux. Après de longues heures de marche, n'ayant trouvé que la solitude, nous nous assîmes derrière un buisson épineux, et nous mîmes à dévorer, à belles dents, des lambeaux de chair ; la soif nous dévorait, mon compagnon se courba, rasa le sol du regard, et me dit :

— Nous trouverons de l'eau dans cette descente.

C'était nous rendre la vie ; il ne s'était pas trompé : dans une cavité entourée d'arbres, se trouvait une eau croupissante mais qui nous parut délicieuse.

— Hâtons-nous de quitter ce lieu, me dit mon compagnon, il est fréquenté par les bêtes carnassières ; vois, le sol humide a gardé l'empreinte de leurs pas. Un lion a laissé celle-ci, en voici d'hyènes, partons.

Le sol devenait de plus en plus incliné, moins sec, et les arbres s'y rencontraient plus rapprochés. Nous délogeâmes deux hyènes, plusieurs lièvres, mais nous ne nous arrêtâmes point ; et, après une marche de longue durée, nous découvrîmes devant nous une longue nappe d'eau.

— C'est le Bar-el-Azrack, me dit l'Egyptien ; espérons.

Le fleuve Bleu, ou Bar-el-Azrack, resserré entre des rives élevées, coulait rapidement. Ses rives couvertes de hauts roseaux offraient une admirable verdure ; nous nous en approchâmes avec précaution, de crainte des crocodiles, mais nous n'en rencontrâmes point ; le lieu où nous abordâmes le fleuve était dénudé et n'offrait qu'une roche de couleur brunâtre.

— Si nous avions un bateau, me dit mon compagnon, avant la fin du jour nous serions à l'abri des mangeurs d'hommes. Regarde, enfant, il me semble en voir sur l'autre rive?

Il se trompait, c'était un tronc d'arbre.

Le lieu que nous occupions dominait le cours inférieur, qui s'allongeait à plus d'une lieue de distance presque en ligne droite. La puissance de la végétation s'étalait si largement sur ses rives, qu'on eût dit deux étages de verdure se succédant depuis le fleuve jusqu'à la terre ; les roseaux atteignaient une hauteur égale à ceux des rives de notre fleuve, le Bar-el-Abiad, mais les arbres montaient plus haut et étaient plus nombreux : on eût dit un tapis de prairie aérienne.

N'ayant presque plus d'inquiétude, nous allumâmes un feu de roseaux pour griller le reste de notre chair ; notre souper fut délicieux, l'eau ne nous manquait point. N'osant pas nous aventurer de nuit dans les massifs d'arbres qui bordaient le fleuve, nous cherchâmes un lieu où pouvoir nous reposer sans danger. La nuit les crocodiles quittent le fleuve, montent dans les terres, où ils surprennent de petits animaux endormis. Tout près s'élevait un grand arbre, nous nous y installâmes sur un plancher de branchages, et, nous voyant en sûreté, nous nous laissâmes aller à un sommeil réparateur. Bien des murmures s'élevèrent durant la nuit; sans doute plus d'un crocodile vint rôder autour de notre asile : le bruit nous éveillait un instant, mais aussitôt le sommeil fermait nos yeux. Quand nous fûmes éveillés, en jetant les yeux sur le fleuve, nous y découvrîmes une petite barque montée par deux noirs; elle se laissait aller au courant. Notre première idée fut que les antropophages étaient encore à notre poursuite; mais lorsque la barque se fut approchée, il nous fut facile de reconnaître une espèce d'hommes moins grande et plus hideuse encore que les antropophages.

— Ils ne sont que deux, dis-je à mon compagnon, appelons-les et nous verrons s'ils veulent nous recevoir dans leur barque.

Nos cris attirèrent leur attention, ils s'approchèrent de la rive, et ne voyant que deux hommes ils l'abordèrent.

Représente-toi, Egyptien, deux hommes de petite taille, ayant les pieds longs et larges, les jambes grêles, un ventre très gros, deux bras longs, maigres, terminés par des doigts sans chair, longs, effilés, et armés de griffes plutôt que d'ongles; sur un cou qui me parut composé de grosses cordes recouvertes d'une peau noire et luisante, place une tête étroite, offrant un visage plat, un nez plat, mais des lèvres énormes, entre lesquelles se montraient des dents blanches, aiguës, séparées comme chez les carnassiers ; sous un front invisible, car la chevelure, enduite de graisse, formait une espèce de turban laineux, représente-toi deux grands yeux roux, animés d'un éclat farouche, et tu n'auras pas encore imaginé ce qu'il y avait de plus extraordinaire en ces hommes. Eh bien! ce qu'il y avait encore de plus extraordinaire, c'était la volubilité de leurs gestes, de leurs regards, de leur être tout entier. On eût dit des pantins sur un théâtre constamment mis en mouvement par la ficelle du saltimbanque.

— Quelle espèce d'hommes est-ce donc? demandai-je avec autant d'étonnement que d'effroi.

— Enfant, me dit mon compagnon, ce sont des hommes de la population des niams-niams. Je m'étonne qu'ils se trouvent si loin de leur contrée. Tiens-toi sur tes gardes; ils sont aussi mangeurs d'hommes.

Ces deux créatures difformes s'approchèrent de nous avec la légèreté des singes : ils observèrent d'abord nos armes, puis étendirent leurs longs bras pour les toucher ; nous les écartâmes sans violence et fîmes des signes pour leur faire entendre que nous voulions descendre le fleuve avec eux. Soit qu'ils ne nous comprissent point, soit que notre demande les contrariât, ils prononcèrent quelques mots avec volubilité et sautèrent dans leur barque, qu'ils éloignèrent d'un coup de rame. Leur voix n'était pas pleine, mais, si je puis m'exprimer ainsi, elle était aigre et râclante ; cependant ils ne s'éloignèrent point et restèrent à nous regarder.

— Mets-toi à l'abri de cet arbre, me cria l'Egyptien; un d'eux cherche des armes au fond de la barque.

Presque aussitôt une flèche siffla à mon oreille ; j'imitai mon compagnon, sur lequel une flèche venait aussi d'être lancée : je m'étendis sur la terre, n'ayant pas le temps de m'éloignor.

— S'ils nous croient blessés, ils vont aborder pour

nous achever et nous transporter dans leur barque,
me dit mon compagnon; tiens-toi prêt à les percer de
ta lance.

Quelques instants s'écoulèrent sans qu'ils fissent le
moindre mouvement. Nous nous soulevâmes et retom-
bâmes comme des gens blessés à mort; aussitôt la
rame frappa l'eau, la lame clapota contre la barque,
et les deux sauvages bondirent sur la rive. Ils s'approchèrent une massue à la main, leurs mouvements
étaient indécis; mon camarade me jeta un regard que
je compris, et nous dressant en même temps, nous
fondîmes sur eux la lance en avant. L'Egyptien ne
manqua pas son adversaire, sa lance s'enfonça dans
son énorme abdomen; mais celui que j'avais en face
fit un saut en arrière, et je ne frappai que le vide. Je
me mis aussitôt à sa poursuite; mais quel fut mon
étonnement en le voyant grimper sur un arbre avec
la légèreté d'un singe; sa massue était au pied, je
m'en emparai : mon compagnon venait d'achever son
adversaire. Il accourut à mes cris d'étonnement; dès
qu'il eut compris la position du sauvage, il descendit
à la barque et en revint avec deux arcs et un paquet
de flèches. Le niam-niam s'agitait dans les rameaux,
il comprenait son danger.

— Ne le tuons pas, me dit mon compagnon, nous
avons sa barque; viens.

Dès que le sauvage eut compris notre dessein, il sauta
de branche en branche jusqu'à terre, et bondit sur
nous avec fureur. Mais à l'instant où il arrivait, la
barque s'éloignait de la rive; il se jeta dans le fleuve,
nagea avec vigueur, mais que pouvait-il faire !

— Rame, enfant, rame ferme; s'il veut se noyer
nous n'en serons pas responsables. Je veillerai à ce
qu'il n'approche pas de la barque.

Fils de pêcheur, je savais manier la rame; la bar-

que légère fendit l'eau et laissa derrière elle le nageur,
qui prit le parti de retourner à la rive.

Le courant était rapide ; nous n'eûmes qu'à mainte-
nir la barque, et nous descendîmes le fleuve, qui commençait à s'élargir sur des rives moins élevées. Le
lieu de notre lutte n'était plus visible, la barque descendait doucement.

— Voyons ce que nous a livré notre victoire, dit
l'Égyptien d'un ton presque joyeux.

Sous des lambeaux de je ne sais quel tissu, se trouvait un singe mort, deux ou trois poissons et une arme bizarre. C'était une courte massue, armée des deux
bouts et dont le milieu paraissait servir de poignée ;
une lanière en cuir l'entourait. Le cadavre du singe
fut jeté à l'eau, nous ne gardâmes que les poissons,
qui n'étaient pas encore corrompus.

A l'avant de la barque se trouvait un filet, je compris le parti que nous pouvions en tirer, et nous nous
en réjouîmes : la subsistance n'allait plus nous manquer.

Enfin nous commençâmes à découvrir des villages
sur les rives, des troupeaux de bœufs et une population nombreuse. Comment nous accueilleraient-ils si
nous descendions à terre, et comment échapperions-
nous à leurs barques s'ils voulaient nous poursuivre ?
C'est ce que nous nous demandâmes.

— Il vaut mieux aborder, me dit l'Egyptien, sans
témoigner de crainte, nous devons être dans le
Sennaar-égyptien.

Déjà notre barque avait été remarquée, et des curieux nous observaient. Dès que nous eûmes atteint
la rive, nous descendîmes à terre sans témoigner de
crainte, et y attachâmes la barque. Même pour des
hommes qui vont presque nus, notre extérieur dut
paraître misérable. Les hommes qui s'approchèrent
de nous le firent avec défiance ; ils étaient armés ;

mon compagnon s'avança vers eux en leur faisant des signes d'amitié. A quelques pas de distance il jeta à terre sa lance et sa massue, et continua de s'avancer; je le suivis, après avoir aussi jeté mes armes.

Ces témoignages de confiance nous réussirent, et l'on s'aborda des deux côtés avec une apparence d'amitié. Malheureusement nous ne comprenions point leur langage. En peu d'instants nous fûmes entourés d'une foule compacte, mais nous ne vîmes point de femmes. Mon compagnon se dirigea vers la première hutte et alla s'asseoir à l'entrée; je me plaçai à son côté, la foule augmentait. Cette peuplade avait la peau très noire, mais était bien conformée, grande et robuste.

Tout-à-coup un homme traverse la foule et vient se placer devant nous. Il nous considéra quelque temps, puis prononça deux ou trois mots en mauvais égyptien; mon compagnon se leva vivement, lui prit la main et le salua en égyptien : nous étions en sûreté. Ce nègre avait été emmené en esclavage à Karthoum et de là au Caire. Il en était revenu avec une belle fortune et jouissait d'une grande considération dans la contrée; il nous conduisit dans sa hutte.

Je ne sais si cette contrée dépendait du Sennaar; elle était sous la dépendance d'un chef qui habitait sur l'autre rive du fleuve, dans une ville où se rendent les caravanes qui viennent du haut du fleuve. Le nègre qui nous donnait l'hospitalité consentit à nous vendre tout ce dont nous avions besoin pour retourner à Karthoum : il voulut nous y accompagner pour recevoir le prix de ce qu'il nous avançait, et se proposait de rapporter dans son village les objets qu'il pourrait y revendre avec profit.

On ne se fait pas une idée de l'habileté que montrent les nègres dans les affaires commerciales; notre hôte nous en donna plus d'une preuve. Il nous fit

entendre que notre barque était trop petite et trop
mal construite pour supporter le trajet : il fallut la
lui abandonner pour compenser les frais qu'il faisait
pour nous. Il prit une barque plus grande, la chargea
de toutes les marchandises qu'il put recueillir, et nous
partîmes le quatrième jour de notre arrivée. Je remarquai que le fleuve était moins solitaire, souvent
nous rencontrions des barques qui le remontaient ou
le descendaient. Les hippopotames se montrèrent fréquemment ; les joncs des rives fourmillaient de crocodiles, et aux heures de la nuit que nous passions,
soit en face d'un village, soit dans une anse de la rive,
souvent nous entendions les miaulements des hyènes,
les rauquements terribles des tigres ; une fois seulement mes oreilles furent frappées des rugissements
roulants du lion.

Aucun accident ne nous arriva jusqu'à Karthoum,
où mon ami l'Egyptien trouva des amis et le moyen
de satisfaire notre conducteur noir. Il l'aida même de
son expérience pour l'achat des marchandises qu'il
voulait remporter à son village ; il nous quitta fort
satisfait.

Je voulais aussi revenir dans mon pays, mais je
n'avais autre chose que le vêtement que je devais
à la bonté de mon compagnon d'aventures ; il me tira
d'embarras et obtint de ses associés ou amis qu'ils me
confiassent une barque et des objets d'un échange
profitable dans ma contrée. Je ne trompai point leur
attente et leur renvoyai la barque chargée de gomme,
de dents d'hippopotames et de défenses d'éléphants.

Je fus à peine reconnu des miens, qui me croyaient
mort depuis deux ans ; depuis, je n'ai plus quitté mon
village.

CHAPITRE III.

Joussouf venait à peine de terminer son récit que
nous entendîmes une explosion d'armes à feu semblable à celle d'un feu de peloton ; nous sortîmes de la
cabine : un nuage de fumée s'évaporait sur la cauge
qui marchait en tête ; la cause de cette décharge nous
fut aussitôt connue. Une bande d'hippopotames avait
délogé de la rive, les soldats avaient tiré sur eux, un
seul fut tué. Je fus témoin de sa longue agonie, il
plongeait et revenait aussitôt sur l'eau teinte de son
sang ; il rendait un souffle profond, puis sa grosse tête
disparaissait pour se remontrer à peu de distance.
Enfin, l'eau s'agita violemment, elle se couvrit d'une
légère vapeur, et le corps énorme du monstre revint
tout entier à la surface de l'eau ; la tête seule s'y enfonça. Les cauges l'entourèrent et le poussèrent vers
la rive, où un certain nombre d'habitants s'étaient
rassemblés. Je pus contempler à loisir cette mons-
trueuse bête et sa gueule si formidablement armée.

La tête fut séparée du corps à coups de hache ; ce fut aussi à coups de hache qu'on détacha les dents, d'une blancheur remarquable. La peau, qui avait au moins un pouce d'épaisseur, fut enlevée avec beaucoup de dextérité par les habitants, et portée sur la cabine des soldats. Le cadavre, abandonné aux habitants, fut rapidement dépecé ; nos mariniers nous dirent que les chairs étaient mangeables, mais nous ne fûmes pas tentés d'en goûter. Je crois que le plus grand parti que l'on tire de ces animaux est la valeur des dents et de la peau, que l'on tanne bien et qui est employée comme le meilleur cuir. Cependant, à l'empressement que les riverains mirent à enlever les parties grasses, je suis porté à croire qu'ils en font de l'huile pour leur usage ; car la graisse de cet animal, me dit-on, ne se consolide point. Je rapporte ce qu'on me dit sans l'affirmer, ne l'ayant pas expérimenté.

Le retard occasionné par cette capture nous fit faire une rencontre inattendue.

Othon poussa une exclamation, et, me saisissant le bras, il me montra le fleuve en aval :

— Voyez, me dit-il ; si ce n'est pas sir Arthur Caverly qui nous arrive, j'ai une aussi forte hallucination que le vieil Arabe du récit de Joussouf dans la caverne des génies !

Une véritable flottille de barques remontait le fleuve, et, en tête, on voyait les quatre ailes d'un moulin à vent.

— Il n'y a, lui dis-je, que sir Arthur qui puisse ainsi naviguer. Sa position lui a encore été soufflée (il visait à un ministère.)

— S'il n'est pas chargé d'une autre mission, me dit Othon.

Les barques avançaient et devaient bientôt nous atteindre, car nous étions ancrés au rivage. Cependant nos regards ne se détachaient point de ces barques :

nous en comptâmes six, celle au moulin à vent voguait en tête. A l'aide de nos lunettes nous distinguâmes des matelots revêtus du costume anglais : nous crûmes même reconnaître notre ancien associé debout sur l'avant et nous examinant, comme le ferait un amiral à la vue d'une flotte ennemie.

Je fis flotter mon mouchoir au bout d'une rame, aussitôt un autre signal y répondit; nous nous abordâmes avec les marques de la plus grande satisfaction; sir Arthur se trouvait tout-à-fait métamorphosé en matelot. Il avait, nous dit-il, renoncé à toute vue politique, il voulait découvrir les sources mystérieuses du vrai Nil. Il ne manqua pas d'ajouter : « Les journaux de Londres en parleront. » Décidément cet homme était possédé de la manie de la célébrité.

Il fallut passer à son bord, c'est ainsi qu'il s'exprimait. Son invention devait opérer une révolution dans la marine marchande : il voulait bien convenir qu'un boulet pouvait enlever son appareil et laisser le navire sans moyens de mouvements, mais la marine marchande en profiterait pour le long trajet des Indes orientales. Il est bien entendu que sir Arthur ne tenait pas compte des navires ennemis qui courent sus aux navires marchands ; pour lui, la suprématie maritime appartenait, sans conteste, à l'Angleterre; car qu'étaient les prauhs des pirates malais, qui cependant enlèvent fréquemment des navires marchands anglais?

Le récit de notre première campagne de chasse faillit lui faire renoncer à la découverte dont devaient parler les journaux de Londres. Nous ne lui parlâmes point de la découverte de sables aurifères; peut-être eût-il formé le projet d'établir dans ce lieu un comptoir anglais et d'y amener ses précieux compatriotes. Somme toute, notre entrevue se passa très amicalement, et quand sir Arthur eut visité notre hippopotame, qu'il l'eut mesuré, apprécié son poids, il re-

tourna sur son invention révolutionnaire, en nous
offrant ses services.

Le commandant de notre troupe de soldats se rendit
auprès de nous : c'était un Grec de Constantinople,
que des aventures assez romanesques avaient amené
au Caire ; il avait reçu, du pacha de Karthoum, l'ordre de s'entendre avec nous et de nous obéir quand
nous jugerions à propos de lui donner des ordres.
Il nous proposa, tout simplement, de nous emparer
de ces barques anglaises et d'envoyer ceux qui les
montaient prisonniers à Karthoum. Surveillez-les, lui
répondîmes-nous, en vous conformant à vos instruc-
tions ; mais laissez-les faire une tentative qui peut
devenir utile à la géographie.

Le lendemain, nous continuâmes notre navigation :
nous approchions du village d'où nous étions partis
lors de notre première expédition.

— Que ferons-nous, demandai-je à Othon ; ferons-
nous connaître aux gens du pacha la rivière aurifère ?

— Oui et non, me répondit-il ; je dis oui, si nous
voulons nous aventurer en chasseurs dans l'intérieur
de la contrée, car alors nous aurons toujours derrière
nous un poste égyptien. Je dis non, si votre intention,
comme la mienne, est d'exploiter cette découverte à
notre profit.

Après une assez longue discussion, où nous fîmes
figurer le pour et le contre, nous nous arrêtâmes à la
résolution de garder le silence. L'avidité des pachas
est proverbiale ; celle de Mohamed-Ali est encore plus
connue et mérite mieux les honneurs du proverbe.

Nous trouvâmes les Anglais ancrés devant le village.

— Ce peuple est si avide d'or, me dit Othon, qu'ils
l'auront flairé à la distance de deux journées de marche.

Nous nous trompions : un accident était arrivé au

moulin à vent, et sir Arthur le faisait réparer par les deux mécaniciens qu'il avait pris au Caire.

Par notre ordre, le commandant de la troupe fit descendre ses hommes à terre et établir un campement sous le village d'où les habitants s'étaient enfuis. Sous prétexte de faire une chasse, nous partîmes vers la rivière aurifère, n'emmenant que nos gens et quatre soldats égyptiens. Vers le milieu du jour, lorsque nous nous étions mis à l'abri des rayons du soleil, sous un massif d'arbres, la sentinelle vint nous avertir que, dans le lointain, s'apercevaient une dizaine de cavaliers. Othon prit sa lunette et me dit :

— C'est sir Arthur, il se sera imaginé que les sources du Nil sont dans ces plaines ardentes, et il vient préparer un feuilleton pour les journaux de Londres.

— Mes très chers, nous dit-il en sautant à terre, laissez à votre ami dévoué une petite place sous ces délicieux ombrages; en vérité, si ce soleil échauffait Londres deux jours de suite, tous les habitants descendraient dans la Tamise et deviendraient amphibies. Les journaux peuvent bien attendre des nouvelles de ma découverte, je veux y joindre une description de chasse en grand. Un naturel prétend que ces parages sont infestés de lions, mes chers Nemrods ; souffrez que je prenne part à votre gloire et que le nom de sir Arthur Caverly figure à côté des vôtres. Son cuisinier (sir Arthur en menait un partout où il allait) déchargea un cheval de deux paniers et nous servit un excellent repas où le vin coula abondamment. La gaieté présida à notre délibération, et nous formâmes un plan de chasse qui eût fait trembler toutes les bêtes féroces des alentours, si elles en avaient eu connaissance.

Après un véritable festin, nous ne nous trouvâmes guère disposés à continuer notre marche sous un soleil dévorant et privés des abris des arbres. Nous

résolûmes de passer la nuit là où nous nous trouvions
si bien. Ce fut une grande affaire pour les Anglais;
il fallut déplier les tentes, arranger un lieu conforta-
ble pour sir Arthur : à la nuit tout se trouva prêt.

Nous avions acquis déjà de l'expérience; c'est à nos
dépens que nous avions appris qu'il ne faut point
établir son campement dans un lieu bas, où des my-
riades d'insectes vous font une guerre acharnée, mais
sur des élévations, qui procurent en outre plus de
fraîcheur et sont moins assaillies de ces insupportables
petits monstres ailés qui font le tourment et le désespoir des voyageurs dans ces ardentes contrées. Les
vents du nord-ouest, en passant sur les montagnes de
l'intérieur du continent africain, y perdent leur ardeur au contact des neiges, ou des amas de nues,
dont la condensation ou la fonte donne naissance à ces
grands cours d'eau si précieux pour ces contrées.
Nous étions trop bons amis pour que sir Arthur n'é-
tablît pas son campement près du nôtre : il occupait
le côté qui donnait sur une vaste plaine; ses chevaux
et les quatre chiens de mylord (car un riche Anglais
ne voyage guère sans chevaux et sans chiens), au lieu
de se trouver au centre de ses tentes, furent placés
entre les deux campements. Le besoin de se reposer et
de dormir se faisait plus sentir que celui de causer;
aussi, dès les premières heures de la nuit, le silence
régna-t-il sur nos deux campements. Dans ces contrées
fécondes en périls, le voyageur, et surtout le chasseur,
s'entoure de toutes les précautions pour ne pas être
surpris par les habitants du désert, qui rôdent la nuit,
en quête d'une proie, et qui la flairent à de grandes
distances. Notre premier sommeil fut interrompu par
les aboiements des chiens de sir Arthur, puis par le
piétinement de ses chevaux. Je me jetai en bas de mon
hamac et éveillai Othon, qui avait fêté le bon vin de
l'Anglais.

— Ce n'est rien, me répondit-il en s'étendant dans son hamac ; s'il y avait aux environs des bêtes dangereuses, vos chiens ne garderaient pas le silence ; ne nous privons pas de sommeil, parce que de misérables hyènes sont venues pour ronger les os de notre souper.

Un ronflement sonore me prouva bientôt que le bon Othon mettait ses conseils en pratique.

Mais il lui fallut bien renoncer à ce bienheureux sommeil : la voix profonde de mes chiens se fit entendre. Ce ne furent pas des aboiements, mais de longs hurlements.

— Oh ! oh ! dit Othon en se frottant les yeux, l'ennemi est proche, car vos deux trompettes sonnent le réveil.

Nos gens étaient sur pied, sans confusion, sans bruit : il n'en était pas ainsi dans l'autre campement ; la voix de sir Arthur appelant ses gens, retentissait comme un clairon. Les hommes s'appelaient entre eux ; les chiens hurlaient et les chevaux piétinaient horriblement.

— Holà ! hé ! dans l'autre campement, dormez-vous ; n'entendez-vous pas la musique dans la plaine ?

C'était sir Arthur qui nous adressait ce belliqueux appel.

— Mylord, répondit tranquillement Othon, nous entendons et nous attendons sans bruit. C'est ainsi que font les chasseurs quand ils cherchent le gibier que nous cherchons : ce n'est pas une chasse aux renards, mylord !

Joussouf s'était avancé jusqu'au bout de l'éminence pour explorer la plaine ; quand il revint, il nous dit :

— Je ne sais ce qui se passe là-bas, il m'a semblé entendre toute la cavalerie de Mohamed-Ali ; si ce n'est pas une troupe d'éléphants je ne devine pas ce que cela peut être ; cependant ces animaux passent la nuit à brouter les branches ou à dormir.

Nous restions dans l'attente quand sir Arthur, armé de pied en cap, arriva.

— Eh bien ! eh bien ! sommes-nous prêts ; l'ennemi arrive. John (son cuisinier) a trouvé un de ses éclaireurs qui dévalisait les paniers ; James (son valet de chambre) prétend qu'un escadron de cavalerie a débouché dans la plaine.

— Voyez, sir Arthur, lui répondis-je, tous nos gens sont à leur poste, faites que le même ordre règne dans votre campement ; je crois qu'une troupe d'éléphants effrayés se dirige de notre côté. Si cela est, nous allons être écrasés ; hâtons-nous d'allumer des feux.

Tandis qu'on faisait ces préparatifs, un bruit sourd et profond arrivait de la plaine ; le doute n'était plus permis, c'était une troupe nombreuse d'éléphants. Mais comment et pourquoi étaient-ils réunis et s'agitaient-ils ainsi ? voilà ce que nous nous disions.

Dès que nos feux brillèrent, nous pûmes distinguer autour de nous des animaux qui glissaient vers l'ombre : c'étaient des hyènes ; mais plus loin, au-delà des lueurs, s'apercevait une masse sombre et mouvante.

Nos gens furent placés convenablement, et deux soldats égyptiens envoyés en éclaireurs ; un coup de feu retentit et nos éclaireurs revinrent en courant.

— Ce ne sont pas des éléphants, nous dirent-ils, ce sont des sangliers ; ils font sans doute face à quelque ennemi redoutable, car ils s'agitent en tournant sur leur centre. Il y a autour d'eux des lions, des tigres ou des panthères ; ils paraissent ne pas avoir l'intention de s'aventurer entre les arbres ou sur un terrain accidenté.

Ce rapport nous fit entrevoir un double danger ; le

sanglier est une bête que le feu effraye peu, elle va toujours en avant.

— Si cette bande se dirige vers nous, dit Joussouf, nous serons tous éventrés ; d'un autre côté, nous pouvons avoir affaire aux carnassiers qui les poursuivent.

— Mais qu'allons-nous faire? demanda l'Anglais ; je serais au désespoir si mes bons chevaux étaient éventrés ; ils sont tous de race arabe pur sang !

— Alors, répondit Othon avec son flegme allemand, il faut vous mettre en selle et gagner au large ; vous pourrez peut-être sauver les hommes et les bêtes !

— Non pas, non pas, s'écria l'Anglais, je reste ici ; périssent tous mes chevaux !

— Le danger peut être ce qu'on le dit, mylord, dis-je à mon tour, mais des hommes fermes peuvent le détourner. Commandez à vos gens de moins s'agiter, d'entretenir les feux, et venez avec nous ; nous allons essayer si une décharge de nos carabines n'effraierait pas autant les sangliers que les lions, les tigres ou panthères.

Au nombre de dix, nous nous avançâmes jusqu'au bas de l'éminence, à une longue portée de fusil, il est vrai, mais cependant de manière à envoyer nos balles. Au même moment nous fîmes feu, puis nous remontâmes en hâte sur l'éminence, afin d'attendre l'effet produit par cette attaque subite. Alors arrivèrent jusqu'à nous comme des bouffées de vent, se succédant par intervalles. Les sangliers se retiraient probablement.

Quand cette rumeur fut éteinte, le calme se fit autour de nous et nous pûmes prendre quelques heures de sommeil. A notre réveil, nous descendîmes avec précaution de l'éminence, lançant les chiens en avant : ils refusèrent bientôt d'avancer ; cependant toute l'étendue que nous embrassions du regard paraissait solitaire ; les singes sautaient dans les arbres et les

oiseaux prenaient leurs ébats sans témoigner d'agitation : ce qui n'aurait pas eu lieu si quelque animal
féroce eût rôdé dans le voisinage. Mon Nubien, le
compagnon dévoué de mes deux molosses, chercha à
les entraîner ; ils refusèrent obstinément d'avancer.
Le Nubien impatienté saisit un trident et se mit à
courir vers la plaine ; il disparut bientôt derrière un
bouquet d'arbres : je le crus perdu et je fis hâter le
pas, sans rompre notre petit bataillon. Dès que les arbres furent dépassés, j'aperçus le Nubien, dont la
moitié du corps était cachée dans un pli du terrain ;
il semblait marcher à pas comptés, tenant la tète inclinée : nous nous regardâmes avec étonnement. Il
nous aperçut et accourut vers nous en gesticulant ; dès
qu'il fut devant nous, il se mit à faire de longues enjambées de long en large. Je le compris ; c'est par
signes que je correspondais toujours avec lui. Par signes
aussi, je lui demandai de s'expliquer. Alors il étendit
la main vers le lieu d'où il venait, puis, arrondissant
les bras comme pour embrasser un arbre, il se pencha
sur le sol.

— Ah ! je te comprends, face d'ébène, dit Othon ;
tu nous rapportes que tu as trouvé là-bas quelque
chose long comme l'espace mesuré par tes enjambées,
et gros comme le cercle décrit par tes bras. Ce ne peut
être qu'un reptile, mais alors c'est un reptile géant !

Dans le repli du terrain se trouvait non le corps
mais la carcasse brisée d'un de ces énormes serpents
nommés boas. Dans sa large gueule un sanglier était à
moitié englouti ; le reste du corps n'avait plus que les
os, dont la charpente avait été brisée. Tandis que sir
Arthur mesurait la carcasse du boa, Joussouf expli-
quait la cause de l'alerte de la nuit.

— Probablement, nous disait-il, que ce monstre se
sera trouvé sur le passage des sangliers et aura
saisi une de ces bêtes, auxquelles nous n'accordons

tout juste que l'intelligence nécessaire pour se nourrir et se protéger : il y a plus de dévouement parmi elles que parmi la plupart des hommes. Elles ont leur langage, leur mot d'ordre et leur solidarité. Dès qu'une d'elles est attaquée, toutes les autres prennent sa défense et combattent sans ménagement pour leur vie. Il faut que ce serpent monstrueux se soit levé quand la bande était en marche : nous avons entendu les rumeurs du combat, il eût été bien plus curieux de le voir.

La carcasse était rompue dans presque toutes ses articulations ; nous comprenions ce que nous disait Joussouf, mais nous ne pouvions pas concevoir qu'un animal de vingt-six pieds de long, dont la grosseur égalait celle d'un fort tronc d'arbre, eût pu être dévoré en quelques heures.

— Les sangliers ont commencé le festin de la victoire, dit Joussouf en riant, notre décharge est venue les troubler ; mais les hyènes, les chacals et les renards sont venus à leur tour. Voyez à terre l'empreinte de leurs pattes, et celles des dents sur cette horrible carcasse. Ils auraient expédié deux fois plus de chair en une nuit.

Je remarquai la répugnance des chiens pour ce monstre ; quoiqu'il ne fût plus que de hideux débris, cependant ils se tenaient éloignés.

Ce boa était de la grande espèce des constrictors ; il mesurait effectivement vingt-six pieds : le corps devait avoir de dix-huit à vingt pouces de diamètre, dans sa grosseur moyenne ; la gueule, dans sa plus grande ouverture, avait plus de deux pieds.

— Je donnerais cent livres sterling, dit sir Arthur, pour avoir la peau de ce monstre ; je l'enverrais empaillée à mes amis de Londres pour le Muséum de cette grande ville.

— Et moi, sir Arthur, dit Othon, je viderai mon

premier verre de vin en l'honneur de ces braves sangliers ; ils n'abandonnent pas leurs frères en danger.

La marche nous conduisait le long des hauteurs d'une vallée, au fond de laquelle devait couler la rivière aux sables aurifères : Othon et moi nous nous tenions en avant, cherchant à reconnaître les lieux. Mais comme nous suivions la côte opposée, nous ne nous y reconnaissions point. J'appelai Joussouf : Crois-tu, lui demandai-je, que nous sommes encore loin du lieu où nous séjournâmes sur la rive de la rivière aux sables aurifères ?

— Voyez les sinuosités de la vallée, me répondit-il, elles sont à peine marquées ; le lieu où nous séjournâmes est un enfoncement profond dans les terres, par conséquent la vallée y fait aussi une profonde sinuosité ; nous en sommes encore éloignés.

Puis un instant après :

— Vos seigneuries se proposent-elles d'y conduire les Anglais ?

— Non, Joussouf, nos projets n'ont point changé. Il faudra les écarter de la rivière.

— Impossible, dit-il ; il nous faut de l'eau, et ce n'est pas sur ces hauteurs que nous en trouverons. Je vous propose de descendre au fond de la vallée, d'y rafraîchir nos bêtes et d'y faire provision d'eau.

L'avis était bon, nous le suivîmes. La rivière, qui n'était point encaissée dans cette partie de son cours, s'étendait largement et rendait le sol humide et marécageux. Il fallut avancer pour trouver une eau potable, mais celle que l'on put rapporter du courant se trouva trouble et chargée de feuilles et d'autres corps. Joussouf réfléchissait :

— Il n'y a point d'inondation sans pluie, il n'en est point tombé. L'époque des crues est passée ; il y a quelque chose d'extraordinaire au haut de la rivière.

Il me faisait ces réflexions en considérant un vase plein d'eau.

— Voici des parcelles d'écorce de mimosa dans cette eau, me dit-il. Je suis porté à croire que des hommes se sont établis sur la rivière et s'occupent du lavage des sables; les Nubiens que vous laissâtes au village auront fait connaître la richesse qui se trouve dans le voisinage.

Cette observation me frappa, je la communiquai à Othon.

— Cela ne peut pas être autrement, me dit-il; nous aurions dû le prévoir. Il n'y a plus à balancer; il faut que nous prenions les devants et que nous informions le pacha de cette découverte : peut-être que déjà le chef militaire, resté au village, a connaissance de l'existence de l'or dans cette rivière!

Ces réflexions, tout en nous contrariant un peu, ne nous affligèrent cependant pas beaucoup; la soif de l'or était bien calmée en nous. Nous nous hâtâmes de diriger la marche vers notre ancienne résidence. Ce fut en explorant le pays et en chassant que nous arrivâmes le soir à la profonde sinuosité de la vallée.

Sir Arthur était enchanté de sa journée; il avait tué un renard forcé par ses chiens. Les autres chasseurs n'étaient pas revenus la carnassière vide; pour un chasseur ordinaire, la journée avait été bonne.

Ce ne fut pas notre simple cuisine qui prépara le souper : le savant John s'installa de son mieux, étala les instruments de son art et s'en servit à la satisfaction générale. Seulement il ne cessait de se plaindre de la perte de provisions choisies que les hyènes, sans doute, avaient emportées d'un de ses paniers qu'il avait mis à l'ombre.

Ce soir-là, Othon nous régala d'une de ces fanfares allemandes qui produisent un si bel effet dans le désert. Au milieu des populations, la musique perd de son charme; les mille bruits, les mille distractions ne laissent pas à l'esprit toute son attention. Dans la solitude, en face d'une nature qui n'est éveillée que par les cris divers des animaux et des oiseaux, cris qui se taisent au coucher du soleil, un si vaste recueillement s'étend sur la nature que les sons harmonieux du cor en deviennent plus pénétrants. L'âme s'éveille à l'harmonie; elle s'y identifie mieux et y trouve une ineffable jouissance. C'est ce que me firent éprouver les sons du cor du bon Othon, éveillant pour la première fois les échos de ces contrées sauvages.

Prolongés dans la vallée, les sons allaient mourir dans le lointain, d'où nous revenait un doux et harmonieux murmure. Assis autour du musicien, respirant une douce brise qui rafraîchissait nos visages, nous écoutions en silence, quand je me sentis doucement tiré par la manche; c'était Joussouf, je compris qu'il avait quelque chose à m'apprendre : je le suivis sur une éminence voisine; de là, en amont de la rivière, je découvris de grands feux.

— Ce sont ceux des naturels qui sont occupés à laver les sables; ils ont entendu les sons du cor, car je vois les feux s'éteindre l'un après l'autre; demain nous ne les trouverons plus, que fera votre seigneurie?

— Nous continuerons notre marche le long de cette rive; mais avant j'expédirai un exprès au commandant des soldats pour qu'il ait à faire savoir au pacha de Karthoum que nous avons découvert des sables aurifères.

— Que votre seigneurie me permette de lui donner un conseil : Ne faites rien savoir au commandant militaire, c'est un gros rusé et sans foi; il pourrait vous desservir et peut-être faire pire. Expédiez directement une barque à Karthoum, et que le pacha apprenne cette nouvelle par votre écrit, vous resterez toujours maître de la situation et en droit de vous faire valoir.

Je communiquai, la nuit même, ce conseil à Othon.

— Tenez, me dit-il, Joussouf est meilleur politique que nous ; la servitude inspire la ruse légitime, suivons son conseil.

A l'instant même nous fîmes par écrit le détail de notre prétendue découverte, et le matin deux soldats furent chargés de retourner au village, d'y prendre une des petites barques laissées par les naturels, et de porter notre missive au pacha.

Laissons aux naturels le temps d'exploiter, pour leur compte, les richesses de leur contrée : bientôt des gens envoyés par le pacha arriveront dans ce village. Il eût mieux valu garder le silence, mais l'indiscrétion de nos premiers Nubiens ne nous laissait pas d'autre parti à prendre. A dire la vérité, quelque chose en moi désapprouvait notre conduite, cependant la raison l'approuvait.

Nous voulions bien laisser les pauvres nègres exploiter tranquillement, et le plus longtemps possible, les sables aurifères, mais les Anglais nous gênaient. Certainement le pacha eût vu d'un mauvais œil que ces étrangers, qui lui étaient suspects, connussent les richesses de cette partie de la Nubie ; mais le hasard nous les avait associés, et nous ne savions comment changer de route. Sir Arthur avait des chevaux, auxquels il fallait chaque jour une grande quantité d'eau ; il persisterait donc à ne pas s'éloigner de la vallée ; d'ailleurs ses chasseurs et ses chiens découvriraient certainement les exploiteurs nègres.

Les insectes vinrent nous tirer d'embarras ; ils attaquèrent les hommes et les animaux avec tant de furie que nous fûmes obligés de décamper au plus tôt, de gagner les lieux éloignés des eaux, et de chercher un abri dans quelques bouquets isolés de mimosas. J'avais remarqué que les insectes fréquentent moins les lieux couverts de mimosas ; voilà pourquoi je les choisissais toujours pour mes haltes de nuit.

— Comment, nous dit sir Arthur, je serai venu dans ces parages où les bêtes féroces se trouvent à chaque pas, pour les chasseurs nègres, et je ne trouverais pas l'occasion de tirer sur un lion, ou une panthère ; c'est vraiment jouer de malheur !

Mais comment avez-vous fait, mes très chers, pour trouver de ces rencontres dans votre première expédition ; enseignez-moi votre secret et je vous serai reconnaissant toute ma vie. Quoi, je ne pourrai pas décrire, dans une belle lettre, une chasse à la bête féroce ; mais on rira de moi à Londres ; les plaisants diront que la peur m'a tenu claquemuré dans mon embarcation.

Ces doléances, moitié sérieuses, moitié comiques, amusaient beaucoup Othon ; la vérité exige que j'avoue qu'elles m'amusaient aussi ; mais tout Français que je suis, je ne trouvais pas, comme mon ami Othon, de ces paroles qui expriment la moquerie sans blesser l'amour-propre ; aussi sir Arthur me donnait-il la préférence sur mon ami, en toute occasion. Il ne s'entendait intimement avec l'Allemand que vers la fin du repas, lorsque la bouteille circulait. C'était alors plaisant de voir les effusions de ces deux natures si opposées. J'ai toujours eu horreur des excès du vin.

Depuis que nous étions en chasse, nous n'avions guère quitté le voisinage de la valiée ; nous allions donc entrer dans les terres plus découvertes, où le gibier se découvre de loin. Les premiers animaux qui nous apparurent furent de très grands antilopes, puis des hyènes, qui se montrent partout. La manière dont ces animaux fuyaient vers le sud, me fit espérer que nous allions voir apparaître de grands carnassiers, les seigneurs et maîtres des déserts, et qui passent leur existence à pourchasser les bêtes plus timides et plus faibles. Sir Arthur et ses gens s'étaient mis en pleine chasse, et faisaient voler leurs chevaux dès qu'ils découvraient la plus minime pièce de gibier ; c'était vraiment un plaisir de voir ces ardents chasseurs, d'entendre les aboiements de leurs chiens ; c'était même tentant : mais nous connaissions le désert et les dangers qu'il fait naître si inopinément. Nous dirigions notre chasse, en nous tenant toujours très rapprochés les uns des autres. Tout-à-coup j'aperçus, mais à une grande distance, un cavalier emporté par son cheval, et bondissant de droite à gauche : plusieurs détonations retentirent coup sur coup.

— Ah ! dit Othon, l'Anglais a trouvé plus dangereux que des renards et des gazelles ! pressons le pas !

Il en était temps : le malheureux cuisinier de sir Arthur venait de tomber de cheval et une petite panthère tenait l'animal à la gorge, où elle restait cramponnée malgré ses sauts et ses bonds. A quelque distance, sir Arthur, avec quatre ou cinq de ses gens, venait de faire une décharge sur une autre panthère ; deux cavaliers étaient déjà démontés, et le combat ne paraissait pas en faveur des Anglais. Quant aux chiens, ils fuyaient, rapides comme le vent, de tous côtés.

Nous lançâmes nos bons petits chevaux abyssins, non au galop, il faut se ménager quand on attaque des ennemis souples et bondissants comme les panthères. Mon serviteur Pierre tira sur la petite panthère, l'atteignit à l'épaule, et, malgré ses bonds, l'acheva avec son trident. Nous n'osions tirer sur la grande, tantôt elle couvrait les Anglais et tantôt se trouvait derrière eux. Je sautai à terre ; Othon en fit de même, les deux soldats armés de tridents se joignirent à nous, et nous approchâmes les yeux fixés sur le dangereux ennemi que nous allions attaquer.

La panthère nous avait sentis ; elle nous vit et suspendit ses attaques contre les Anglais. Nous nous trouvions à vingt pas de distance, lorsqu'elle se tourna vers nous. L'horrible rictus de sa gueule, garnie de longues dents distancées les unes des autres, et son regard flamboyant nous lancèrent une menace qui eût intimidé des chasseurs moins aguerris que nous.

— Magnifique, me dit Othon en la couchant en joue.

Ma carabine partit au même instant, et celle d'Othon presque aussitôt; les deux balles atteignirent la bête furieuse; cependant elle fit un bond prodigieux vers nous, et voulut se lancer de nouveau; mais les pattes du devant plièrent, et la gueule de l'animal alla mordre le sol. Je n'eus pas le temps de recharger ma carabine, que déjà la bête rugissante s'était relevée et arrivait sur nous; les deux soldats firent feu sans l'arrêter. Je saisis un trident, prêt à recevoir le choc; ce fut Othon qui le reçut sur sa baïonnette; d'un coup de trident je brisai les reins de ce terrible animal; le sang bouillonnant jaillit sur le visage d'Othon, que la secousse avait renversé, et la panthère, mordant les tridents, faisait des soubresauts de désespoir, et alla tomber auprès d'un soldat qui eut peine à l'achever.

— Etes-vous blessé? demandai-je à Othon.

— Non, Dieu merci, me répondit-il tranquillement; mais j'ai le bras engourdi comme si j'avais manié une torpille; puis le sang de cette courageuse bête m'a réellement échaudé le visage.

Sir Arthur était auprès de nous, avec ses gens.

— Je n'ai pas voulu qu'on tirât, nous dit-il; une balle s'égare.

— Comptez les blessures de la bête, dit Othon en s'essuyant le visage, et vous verrez que les nôtres ne se sont point égarées.

L'Anglais parut mortifié, moins je crois de la réponse d'Othon que de la victoire de cinq hommes sur un

ennemi qui harcelait si vivement lui et ses huit compagnons, qu'ils n'avaient pas eu le temps de recharger
leurs armes.

Il y a dans la presque totalité des Anglais une telle
persuasion de leur suprématie sur les autres peuples,
qu'ils veulent la soutenir même lorsqu'elle est insou-
tenable individuellement.

— Eh bien ! sir Arthur, lui dis-je, vous aurez à
décrire une lutte avec un ennemi que je crains plus
que le lion, qu'il surpasse en souplesse et en vigueur
d'attaque, s'il lui est inférieur en force. Il n'eut pas
l'air de m'entendre, son amour-propre était piqué
au vif.

Le pauvre Anglais jouait vraiment de malheur ce
jour-là. Il fut dans la nécessité d'abandonner deux de
ses chevaux, que les panthères avaient mis hors de
service, et son cuisinier, John, avait eu l'épaule
démise en tombant de cheval ; mais ce qui acheva de
l'irriter, c'est que son meilleur chien pour la chasse
aux renards ne reparut plus.

— Il faut, me dit-il, que vous ayez fait un pacte
avec la fortune pour réussir dans toutes vos entreprises.

— Alors, lui dit Othon, qui marchait près de moi,
nous avons oublié d'y faire entrer ma tunique : vous
voyez qu'elle n'a pas été comprise dans la garantie.

Effectivement les griffes de la panthère l'avaient
déchirée dans toute sa longueur ; je suis persuadé
qu'Othon regrettait plus sa tunique de chasseur que
l'Anglais ses chevaux.

Nous avancions dans une contrée fort accidentée,
lentement, à cause du blessé. Une longue coulée, cou-
verte de buissons et de hautes herbes, nous fit prévoir
le voisinage de l'eau : nous en avions tous besoin.
Joussouf, qui marchait en avant avec sa prudence
ordinaire, remarqua que de larges sentiers se trou-

vaient à travers ces herbes, et supposa que des éléphants, des buffles ou des sangliers fréquentaient ces parages. Il vint m'en prévenir; je le fis savoir à sir Arthur et l'engageai à marcher en se tenant sur ses gardes. Soit humour, soit esprit de contradiction, il donna un coup d'éperon à son cheval et prit les devants.

— Ami, me dit Othon, nous n'avons pas encore dîné, l'Anglais est fou. Cependant il galopait réellement; tout-à-coup nous le perdîmes de vue, quoique aucun obstacle ne se trouvât entre lui et nous.

Ses chiens sautaient autour d'un assez large espace, dont ils s'approchaient en hurlant. Nous y courûmes, tout nous fut expliqué : le malheureux Anglais, que le sort poursuivait sans doute, était allé s'engouffrer dans une de ces fosses profondes que les naturels creusent et couvrent de rameaux et de terre pour prendre des éléphants.

Par un bonheur exceptionnel, le cheval et l'homme étaient tombés tout droit, et la chute s'était trouvée amortie par la terre et les branchages. Sir Arthur fut hissé facilement; mais ce fut une autre affaire pour le cheval; nous y mîmes tous la main.

— Etes-vous blessé? demandai-je à sir Arthur.

— Je n'en sais encore rien, mon très cher, me répondit-il avec un étonnant sang-froid. Voyez si mon cheval a les jambes cassées.

Joussouf, qui prisait plus le cheval que le cavalier, il portait aux Anglais une haine invétérée, Joussouf examinait déjà l'animal, et le faisait marcher au petit pas. Il rassura sir Arthur, en lui annonçant que sa monture en était quitte pour un engourdissement et quelques écorchures.

— Voyons maintenant ma personne, dit l'Anglais. Ici, James, passez mon corps en revue, suis-je blessé?

— Il faut être Anglais pour faire une pareille question, me dit Othon; va-t-il aussi lui demander s'il ressent quelque douleur, et si son couvre-chef est resté dans la fosse?

Cette aventure nous avait pris plus de deux heures, et le soleil descendait vers l'horizon. Il fallut songer au campement, car tout nous prouvait que ces lieux étaient fréquentés par les grands hôtes du désert. La fosse indiquait le voisinage de quelques villages. Les hommes nous paraissaient souvent aussi à redouter que les carnassiers.

A quelque distance, sur un lieu élevé, apparaissait un bouquet d'arbres. Nous allâmes nous y installer; mais il nous fallait de l'eau. Tandis qu'on explorait le pays avec prudence, le campement fut établi, et le repas du soir préparé.

Sir Arthur avait reçu des contusions; mais il ne voulait pas qu'on en fît la remarque. Il se plaignit seulement d'être privé de son cuisinier, le fit entourer de tous les soins possibles, et vint s'asseoir à notre repas de chasseurs, sans oublier les bouteilles qui restaient dans le panier aux provisions. Il parla peu, mangea peu; je remarquai une grande altération dans ses traits. La nuit il fut en proie à une fièvre violente, et nous ne pûmes prendre le repos si nécessaire après une journée de fatigues et d'émotions passée sous un soleil dévorant.

— Il faut chercher le village que ces fosses annoncent, me dit Othon; si les habitants sont hospitaliers, nous y laisserons l'Anglais et sa suite; sinon, nous le veillerons et tâcherons de le conduire à ses cauges, où il trouvera plus de secours qu'au milieu de ces solitudes.

Joussouf et mes deux serviteurs se mirent en quête du village et le découvrirent à un quart de lieue de notre campement.

CHAPITRE IV.

Village nubien. — Les sorciers et sir Arthur. — Traitement singulier. — Départ pour la chasse avec les Chiloucks. — Le rhinocéros. — Courage et habileté des Nubiens. — Trois éléphants. — Lutte terrible. — Prétentions de l'Anglais. — Preuve donnée par Othon. — Sir Arthur devient fou. — Embarras. — Haine nationale entre Pierre et l'Anglais Boby. — Un lion. — Provocation de Pierre. — Le Nubien. — Trait de folie de sir Arthur. — Boby trouve un rude boxeur. — Retour au camp des Egyptiens.

Le village pouvait se composer d'une centaine de huttes, recouvertes en paille et disséminées selon le caprice du constructeur. Ce fut avec défiance qu'on nous y reçut : mais, à l'aide des verroteries, dont nous étions bien approvisionnés, je gagnai l'affection des habitants. Nous pûmes nous établir dans le voisinage, et deux sorciers vinrent voir sir Arthur; ce fut chose plaisante que cette visite. Ils arrivèrent en dansant, poussant des hurlements, pour chasser les mauvais esprits; ce fut ainsi qu'ils abordèrent notre campement. Je m'attendais à quelque coup de tête de l'Anglais; il n'en fut point ainsi : l'ardeur de la fièvre le tenait cloué sur son hamac ; je ne sais s'il remarqua même les étranges médecins qui lui arrivaient. Après avoir palpé son corps, ils s'accroupirent sous la tente et se mirent à murmurer d'abord des paroles à voix basse, puis le ton s'éleva et alla jusqu'aux hurlements.

Ils sautèrent, cabriolèrent à qui mieux mieux. Le malade, vaincu par le mal, les regardait d'un œil stupide. Othon observait tout, en fumant sa pipe.

— Ces gens-là, me dit-il, prétendent que les mauvais esprits sont la cause de toutes les maladies, même des chutes dans les fosses préparées pour les éléphants; il est certain que si les mauvais esprits ne prennent pas la fuite, au bruit de tout ce tintamarre, c'est qu'ils n'ont ni oreille ni goût. Il m'en vient la chair de poule.

— Il faut, lui dis-je, soustraire sir Arthur à ce traitement sauvage.

— Il faut, me répondit Othon, est bien facile à dire; remarquez que nous sommes au milieu d'une population qui peut armer deux cents hommes, et que si nous froissons ses préjugés, elle pourrait bien nous tomber sur les bras. Qu'en pensez-vous? l'Anglais n'a qu'une fièvre de transe, cela lui passera, soyez-en bien sûr.

Voyant que les mauvais esprits s'obstinaient à faire trembler sir Arthur, les deux médecins nègres achevèrent de le dépouiller du reste de ses vêtements, le frottèrent avec de la graisse d'éléphant, l'exposèrent à l'ardeur du soleil, en le tournant comme un cuisinier tourne la pièce de gibier qu'il fait rôtir, afin de faire fondre la graisse, ce qui se faisait aussitôt, sous un soleil dévorant; les frictions continuaient avec activité. Quand ils l'eurent complètement saturé de graisse, ils tendirent plusieurs peaux de buffles tannées, en firent une espèce de grand entonnoir; le malade y fut introduit, soutenu par un des sorciers, les deux têtes passaient au-dessus des peaux; l'autre sorcier alluma dans cette singulière tente un feu de copeaux de bois odorant, eut soin de le faire brûler sans flamme; celui qui soutenait l'Anglais me parut continuer les frictions. Ce genre de médication nous eût alarmés, si nous n'avions pas remarqué que le visage du patient exprimait des sensations agréables et que l'œil terne s'animait. Au bout d'une demi-heure, le traitement se trouva complet; les sorciers enveloppèrent sir Arthur d'une couverture fournie par ses gens, l'étendirent sur son hamac dans sa tente, et se retirèrent, comme ils étaient venus, en sautant et gambadant, mais ils nous firent grâce des hurlements.

Le malade tomba dans un profond sommeil; il paraissait calme, une sueur abondante le couvrait. Un des médecins revint, l'examina longtemps, puis se retira sans bruit.

A son réveil sir Arthur se trouva fort, dans des dispositions d'esprit fort gaies, et demanda à manger. Il n'avait qu'un souvenir confus de ce qui s'était passé; et ce qui nous parut le plus étonnant, c'est qu'il nous affirma qu'il avait eu des visions étranges, mais toutes agréables. Othon pensa que la fumée de ce bois, nommé par les naturels el-cob, jouissait de propriétés enivrantes, et que les huiles essentielles qu'elle contient fortifient le corps, sans affaisser l'esprit comme les liqueurs enivrantes. Je crois que la graisse d'éléphant contribua aussi beaucoup au succès de la médication. Au reste, je ne rapporte ici que ce que j'ai vu.

J'eus la preuve que ces populations attachent beaucoup de vertus à ce genre de traitement, et qu'ils l'emploient, même sans être malades, comme jouissances ou préservatifs. Durant l'assez long séjour que nous fîmes parmi ces naturels, je vis souvent répéter exactement le même procédé, mais on employait le plus ordinairement le beurre pour les onctions.

Ces nègres sont grands, bien faits et vigoureux, ils ne se servent pas de vêtements; les femmes portent un tablier de peau, attaché à la chute des reins. Les hommes et les femmes se rasent la tête, qu'ils entourent de turbans. Les chefs y joignent une plume d'autruche,

Les Chasseurs d'Éléphants. 4

leurs guerriers et leurs chasseurs sont armés d'une
lance très lourde, dont la pointe en fer est longue et
bien aiguisée, ou de bâtons armés de longues cornes
aiguës. Plusieurs avaient en outre une lourde massue
ronde d'un bout et pointue de l'autre ; c'est leur arme
de trait. Ils la lancent avec beaucoup d'adresse et une
grande vigueur ; leurs grands boucliers sont couverts
de peau d'éléphant et quelquefois de rhinocéros.

Autant que j'ai pu m'en assurer, ils composent une
nation nombreuse, qui s'étend sur les deux rives du
fleuve Blanc, et qui vint de l'ouest envahir ces contrées, vers le xie siècle ; on les nomme Chillouks, mais
ils prirent le nom de Foungis, qui signifie en leur
langue « vainqueurs. » Mon Nubien paraissait les
redouter ; il nous faisait comprendre que ces populations étaient perfides et même anthropophages. Nous
n'en eûmes aucune preuve ; et lorsque nos rapports
furent établis, nous les trouvâmes hospitaliers, mais
défiants. Ils ont de grands troupeaux de bœufs et de
moutons, des volailles, surtout des pintades ; ils
cultivent le doura, la lentille et un peu de froment.
Ils font avec la merise une boisson fermentée fort
agréable ; ils en ont une autre qu'ils nomment la
bulbul ; je ne sais avec quoi ils la composent. Leur
pays est montueux ; on y trouve un grand nombre de
cours d'eau, qui se déversent tous dans le Bahr-el-
Abiad. Les productions sont les mêmes que celles du
Sennaar ; les forêts, fréquentes, sont peuplées de singes
et d'oiseaux au plumage éclatant, mais leur voix est
désagréable ; je n'y ai pas entendu un seul oiseau
chanteur.

Nos provisions de bouche se trouvèrent dévorées
par de petits insectes presque imperceptibles, qui
s'étaient introduits jusque dans nos rouleaux de fer
blanc. Ils nous fallut les renouveler. Le reste de notre
verroterie y passa ; ce fut bien pis chez les Anglais,

qui n'avaient pas pris autant de précautions que nous pour mettre leurs provisions à l'abri de la voracité des insectes ; elles furent toutes dévorées ou tellement gâtées que sir Arthur les fit jeter aux chiens, et prit le parti de se rapprocher du fleuve ; je crois qu'il était aise de s'éloigner de nous. Mais avant son départ il voulut assister à une grande chasse aux éléphants, à laquelle les nègres se préparaient. Nos chevaux s'étaient refaits dans les bons pâturages des environs ; nous-mêmes, remis de nos fatigues, nous nous trouvions très dispos et surtout curieux de voir comment ces hommes, bien plus mal armés que nous, s'attaquaient à des animaux aussi formidables que les éléphants. Les fosses, qu'ils creusaient autour de leurs villages, avaient pour but de prendre ceux de ces animaux qui venaient la nuit dévaster leurs récoltes ; ils savaient par expérience que, dès qu'un éléphant était tombé dans le piége, les autres s'éloignaient de la contrée.

Le nombre des chasseurs noirs s'élevait à cent cinquante ; notre troupe, y compris les Anglais, était composée de vingt-trois hommes bien armés. Ce fut au commencement de la nuit que nous quittâmes le village ; durant toute la journée, les noirs avaient été occupés à des cérémonies bizarres, que présidaient leurs sorciers. Nous nous tînmes à l'écart ; ainsi je ne pus voir ce qui se passait au centre du village ; mais les cris, les hurlements nous donnèrent une idée de ces cérémonies. Je suis porté à croire que ces populations adressent un culte aux astres, principalement à la lune, mais qu'ils croient à l'existence des mauvais esprits et à leur influence sur leurs entreprises.

Je vis beaucoup d'amulettes ; ce sont des bouts de cornes de buffles, des défenses de sangliers, des cailloux, ou même des morceaux de bois taillés bizarrement, et des morceaux d'ivoire.

La contrée était fort accidentée ; cependant, on

apercevait souvent de longues plaines; des forêts s'étendaient le long des vallées, au fond desquelles se trouvait souvent un fort cours d'eau. La marche fut rapide durant les premières heures de la nuit; les nègres allaient en avant. Au lever du soleil nous découvrîmes une grande et belle forêt; mais les acacias épineux, et d'autres arbustes aussi garnis de fortes épines, n'en permettaient le parcours qu'aux bêtes fauves ou féroces. Les singes se montraient en quantité innombrable, ainsi que des oiseaux au plumage magnifique. Nous n'avions point encore vu de plus belle contrée en Nubie.

Les nègres se placèrent derrière des buissons, et disséminés en petites troupes; cela nous fit comprendre que la véritable chasse était ouverte. Bientôt des troupes de gazelles et d'antilopes, de la grande espèce, apparurent dans le lointain; puis une variété d'autres animaux que nous ne pouvions reconnaître, tant leur passage était rapide. Les nègres avançaient toujours en rampant d'un abri à un autre; les chiens de l'Anglais dérangèrent leurs combinaisons. Ils s'élancèrent en donnant de la voix. Gazelles, antilopes et autres bêtes, tous disparurent sous les abris de la forêt. Peut-être cette circonstance nous eût-elle attiré une mauvaise affaire sur les bras, si nous n'en avions pas tous été distraits par l'apparition subite d'un rhinocéros à deux cornes sur le nez.

Il est probable que les aboiements des chiens l'avaient attiré de la forêt; il se lança en avant, puis s'arrêta brusquement. Sans doute il écoutait, car on assure que cet animal a la vue très courte. Il y a dans le chien un admirable instinct qui lui fait reconnaître, sur-le-champ, la force de l'animal qui paraît, et le danger qu'il court en s'attaquant à un ennemi trop supérieur en force. Les chiens de l'Anglais battirent aussitôt en retraite et vinrent se réfugier derrière notre troupe.

Le rhinocéros, n'entendant plus les aboiements, leva la tête, aspirant l'air, semblant prêter une oreille attentive à tous les bruits qui lui venaient de la plaine. Il faisait un bond en avant, puis dressait encore la tête. Il se servait de l'ouïe et de l'odorat, les deux seuls sens qu'il a très développés. Je ne voyais plus aucun nègre, on eût dit qu'ils s'étaient enfoncés sous terre. Soudain le rhinocéros fit un bond à droite, puis courut, tête baissée, an avant. Un trait traversa l'espace, c'était une lourde massue ; il frappa le flanc de l'animal, et à l'aide de ma lorgnette, je le vis tomber à terre. Plusieurs autres arrivèrent, avant que le rhinocéros eût eu le temps de courir sur l'ennemi qu'il avait aperçu. Alors je fus témoin d'une lutte singulière. L'animal furieux s'élançait en avant, une massue le frappait, il s'arrêtait, levait le museau en l'air, puis se jetait dans la direction où il voyait ou pressentait un assaillant ; aussitôt un autre trait le frappait ; il changeait de direction en mugissant, un autre trait le frappait aussitôt ; incertain de quel côté il se lancerait, il levait, abaissait sa lourde tête, labourait la terre de ses pieds, bondissait en l'air, avec une légèreté que la lourdeur de son corps ne m'eût pas fait soupçonner. Enfin, il courait, tantôt d'un côté, tantôt de l'autre, et les traits pleuvaient sur lui. Le cercle des assaillants se rétrécissait ; ils commençaient à se lever et à serrer de plus près l'animal furieux.

Il partit soudain, comme une balle lancée avec force, et alla droit devant lui. Les nègres lui ouvrirent le passage, et le harcelèrent sur les flancs ; un trait l'avait percé profondément. Il s'arrêta, son souffle bruyant arriva jusqu'à nous. Alors le combat eut lieu de près ; les noirs l'attaquèrent avec la lance. Ce ne fut plus pour nous qu'un tourbillon, où les hommes tournaient comme des images fantastiques. L'animal vaincu succomba, et un cri éclatant proclama la victoire.

Nous étions restés spectateurs de ce combat, admirant l'habileté des nègres dans l'attaque, et le sang-froid qu'elle exigeait. Nous nous approchâmes des vainqueurs.

Déjà ils dépouillaient leur victime de sa peau, et enlevaient les deux cornes qu'elle portait au-dessus du mufle. On croit qu'elles ont des vertus singulières, aussi les prise-t-on beaucoup. La chair me parut rouge et longue; les naturels ne la dédaignent point. La peau, noire et rugueuse, était plus épaisse que celle de l'hippopotame que nos compagnons avaient tué; elle était très lourde.

A peine les nègres firent-ils attention à nous; peut-être qu'ils pensèrent que nous aurions dû assaillir l'ennemi en même temps qu'eux; tandis que, selon nos idées, nous devions leur laisser tout l'honneur de la victoire.

La contrée était trop favorable à la chasse pour nous laisser le temps de respirer. Les Anglais se lancèrent à la poursuite d'une girafe qu'un des leurs prétendit avoir vue; et nous, rasant la lisière de la forêt, nous abattîmes deux antilopes et plusieurs lièvres. Nous songions qu'il fallait vivre.

Vers le soir la scène changea d'aspect : trois éléphants se montrèrent dans la plaine. C'était à notre tour de prouver aux nègres que nous ne craignions pas d'attaquer les grands animaux. Je prévins sir Arthur de réunir ses chasseurs, car nous allions avoir une lutte terrible. Un de ces éléphants était énorme.

Réunis et ne formant qu'un peloton, nous avançâmes assez rapidement; nous étions descendus de cheval; cet animal est rétif devant l'éléphant. Les trois colosses nous regardèrent un instant, cet ennemi ne

leur était pas connu; puis, ils prirent lentement la
direction de la forêt. Quatre des nôtres coururent pour
leur couper la retraite, et la lutte fut engagée.

Le grand éléphant fit entendre un son rauque et
courut sur nos gens, qui se replièrent vers nous, à
toutes jambes. Les monstrueux animaux arrivaient sur
nous de front, un peu dépassés par le plus gros. A
vingt pas, nous leur envoyâmes la moitié de notre
décharge; je ne sais si elle ne les irrita pas plus qu'elle
ne les intimida, car leur course fut plus rapide. Je saisis
la carabine d'un de nos serviteurs et visai le gros
éléphant. Le coup porta, il s'arrêta, secoua la tête; ses
oreilles étaient dressées : je vis qu'il chancelait. Les
deux autres avançaient; ils étaient si près de nous
que, deux pas de plus, et ils pouvaient nous frapper
de leurs trompes.

Je commandai de se jeter de côté et d'attaquer les
assaillants avec les tridents, tandis que nous rechar-
gerions nos carabines. Ce mouvement fut rapidement
exécuté par les nôtres; mais les Anglais, plus lents,
eurent un des leurs traversé d'un coup de défense, un
autre lancé en l'air par une trompe, et un troisième
broyé sous les pieds des éléphants. Une décharge,
derrière les oreilles, eut un effet subit. Les trois mon-
trueuses bêtes s'abattirent l'une après l'autre, après
avoir chancelé quelques instants.

Nous les laissâmes expirer; sir Arthur maudissait
sa mauvaise fortune; trois de ses gens avaient péri,
et nous restions vainqueurs et sains et saufs sur
le champ de la lutte. Ce fut alors que nous pûmes connaître à quel point l'orgueil national aveugle les
Anglais.

Sir Arthur voulut que ce fussent les siens qui
avaient abattu les éléphants.

— Non, non, dit le moqueur Othon, ce sont les
éléphants qui ont abattu trois des vôtres; nos carabines

portent des balles plus fortes que celles des vôtres, en dépeçant les animaux nous pourrons reconnaître celles qui ont donné la mort. Acceptez-vous cette preuve, mylord ?

Il le fallait bien, à moins de montrer trop d'orgueil et de mauvaise foi. Une de nos grosses balles traversait la racine de la trompe du plus grand éléphant; elle n'était partie que de la carabine d'Othon ou de la mienne. Deux balles ordinaires de plomb avaient entamé la peau du dos d'un autre éléphant; enfin celles qui avaient donné la mort, en pénétrant derrière les oreilles, sortaient de nos carabines. Sir Arthur ne put revendiquer les profondes blessures faites avec les tridents, aucun de ses gens n'en portait.

Cette preuve le mit de méchante humeur; ne voulant pas la faire rejaillir sur nous, il maudit énergiquement sa mauvaise fortune, qu'il nommait aussi le hasard.

— Qu'il y a de petitesse et de vanité dans l'esprit de cet homme, me dit Othon; il n'avait pas besoin de la preuve que nous lui avons fournie : mais il ne la désirait pas !

— Et c'est pour cela même, mon cher Othon, qu'il est le plus froissé : nous ne lui avons pas laissé une seule raison de se vanter de notre victoire. Je ne sais si je me trompe, mais je crois que, depuis la chute qu'il a faite dans la fosse, son cerveau a éprouvé un ébranlement qui change entièrement son caractère.

Mon observation n'était que trop fondée : sir Arthur donna bientôt des marques d'aliénation ; ses gens se virent dans la nécessité de le désarmer et de le surveiller de près. Il fut ramené au village des nègres, où nous retournâmes avec lui, à notre grand regret, car la chasse promettait beaucoup, d'après les dires des Nubiens.

Ce départ, dont ils ignorèrent la cause, parut aussi

contrarier les nègres ; nous leur avions donné une idée de la puissance de nos armes et ils comptaient qu'elle leur servirait pour une autre chasse que celle à laquelle nous avions jusqu'alors pris part : à la chasse des esclaves. Ils s'avançaient vers les montagnes pour surprendre des villages et en emmener des esclaves, qui sont fort prisés, à cause de leur force et de leur patience au travail.

Pour ne pas manquer d'eau nous dirigeâmes notre marche le long d'une rivière assez considérable : elle coulait rapidement entre deux chaînons de montagnes. Ce voisinage nous procurait les deux choses indispensables aux voyageurs, l'eau et le gibier, qui se tient, dans ces ardentes contrées, au voisinage des eaux.

Mais ces avantages étaient bien compensés par les incommodités de tous genres que nous eûmes à supporter. Les insectes étaient si nombreux, si acharnés après nous et après nos pauvres animaux, que nous endurions réellement un supplice journalier, qui nous mettait de fort méchante humeur. Sir Arthur se fit oindre de graisse, de la tête aux pieds, puis il se roula dans le sable ; c'était de la folie, mais il fallut lui obéir. Les serpents se levaient souvent sous nos pas, lorsque nous traversions des passages couverts de hautes herbes : nos tridents nous furent très utiles pour nous en préserver ; des hyènes, des renards et une foule d'autres animaux abondaient sur les rives. A chaque instant un coup de feu nous donnait l'alerte, mais ces émotions écartaient les préoccupations irritantes que nous causaient les insectes ; ils nous suivaient en bataillons innombrables quand nous nous éloignions pour aller chercher de l'ombrage ailleurs que sur les rives. La nuit, d'autres petits monstres remplissaient nos tentes, nous faisaient entendre leurs bruissements menaçants. Othon fit infuser du tabac dans de l'eau et s'en frotta le visage et les mains; j'usai du même procédé pour dégoûter nos infatigables ennemis.

Ce fut peine perdue : il n'y avait qu'une fumée épaisse qui pût les écarter; mais elle nous étouffait. Il fallut nous éloigner et nous lancer dans une plaine sablonneuse, presque dépourvue de végétation. Les abominables mouches nous y suivirent durant plusieurs heures; enfin nous en fûmes débarrassés, mais la chaleur était si intense que nous n'avions fait que changer de supplice. Il èst vrai que les nuits étaient rafraîchissantes, mais elles duraient trop peu pour nous.

La rivière que nous venions de quitter augmentait beaucoup en largeur et en rapidité; j'en conclus que nous ne devions pas être à plus d'une journée de marche du Bahr-el-Abiad, et qu'en le suivant nous retrouverions, d'abord le village des chasseurs dont nous venions de nous séparer, puis celui où nous avions installé les soldats du pacha de Karthoum. Nous étions en chasse depuis près d'un mois; il était probable que le pacha, selon l'importance qu'il aurait attachée à notre missive, avait eu le temps de nous envoyer de nouveaux renseignements sur ses projets : il était donc important de nous trouver sur les lieux; d'un autre côté, l'état de sir Arthur nous causait de véritables inquiétudes : sa raison se détraquait de plus en plus. Il fallait le frotter de graisse, tous les matins, le saupoudrer de sable : ses gens s'en acquittaient si consciencieusement qu'on ne voyait plus sa peau. Bien certainement que les insectes n'auraient pu l'atteindre, si la graisse ne les eût aussi attirés; il en était quelquefois environné d'un si grand nombre que nous croyions qu'il en était rongé, mais il nous affirmait qu'il ne sentait point leurs morsures.

Dans les centres de civilisation, où, avec de l'argent, on a tout à souhait, l'individu a le loisir d'être charitable pour le prochain ; mais dans le désert, à travers quelques populations sauvages, l'homme, pour sa conservation, n'a pas trop de sa surveillance incessante ; son existence est une lutte au moins égale à ses moyens de résistance, quand elle ne les surpasse pas.

La nécessité était pour nous une loi impérieuse ; elle se faisait aussi sentir aux gens de sir Arthur, et je ne connais pas d'êtres plus foncièrement égoïstes que les Anglais. Le pauvre lord eût beaucoup souffert de la conduite de ses gens, s'il eût pu la comprendre ; mais son genre de folie le portait à l'optimisme ; il paraissait heureux d'avoir trouvé le moyen de se mettre à l'abri des mouches et nous excitait doucement à suivre son exemple. Une autre cause nous faisait voir le malheur de sa position : ses gens, plus nombreux que les nôtres, se montraient jaloux et exigeants ; nous fûmes plus d'une fois dans l'obligation de nous interposer pour étouffer des rixes.

Entre le palefrenier de l'Anglais, ancien soldat de Wellington, et mon serviteur Pierre, ex-vélite dans la vieille garde, régnait une animosité nationale, prête à éclater. Le palefrenier Boby avait sans cesse à la bouche le nom du héros de l'Angleterre, et Pierre, qui prétendait avoir vu Wellington assis sur un tambour et pleurant comme une vieille femme, avant l'arrivée du Prussien Blücher, lui répétait sans cesse : « Votre Wellington, héros postiche, qui prouve la disette de l'Angleterre en fait de généraux dignes de commander ; votre Wellington, lui vainqueur à Waterloo ! Allons donc, habit rouge, vous ne me le persuaderez pas plus que vous ne me persuaderiez que les fourmis ont bâti les pyramides d'Egypte. » Nous l'avions rudement brossé votre grand homme, quand le gueux de Blücher tomba sur nous, qui étions épuisés, décimés, sans munitions, avec ses trente mille Prussiens. Ah ! tout de même, oser dire que le petit chapeau

a été vaincu par un Wellington! Boby, motus!
ou je vais vous faire rentrer les paroles dans
le ventre. » Et Pierre, qui eût écrasé deux Boby,
eussent-ils été les premiers boxeurs des trois royau-
mes-unis, Pierre l'eût fait certainement. Mais j'arrivais
toujours à temps pour conjurer la tempête. Ainsi les
haines nationales se manifestaient jusque dans le
désert. L'aventure suivante le prouvera surabondam-
ment.

Nous étions prêts pour la marche du matin; les
chevaux, avec une forte garde, paissaient de chétives
herbes qui croissaient çà et là entre des buissons.
Joussouf commandait quatre de nos gens qui gardaient
nos chevaux; ceux des Anglais, plus nombreux, se
trouvaient plus disséminés, et sous la surveillance du
palefrenier Boby. Tout-à-coup, deux rugissements
roulent sur la plaine, et les chevaux prennent l'épouvante. Joussouf, qui ne laissait jamais les chevaux
libres, fait reconduire les nôtres au campement et
revient se mettre à la tête de nos quatre serviteurs,
Pierre en était un. Les chevaux des Anglais, par
instinct, se réfugièrent dans le campement; leurs
gardiens, au nombre de huit, se trouvèrent avec les
nôtres en face d'un lion énorme.

Alors Pierre cria, d'un ton provocateur : « En avant,
Boby-Wellington ; en avant, regardez donc si Blücher
ne protège pas vos derrières. » Et Pierre s'avança au-
devant du lion, planta son trident en terre, et mit sa
carabine en joue. Oubliant le danger pour n'écouter
que sa rancune, il se tourna vers les Anglais, et cria
encore : « Où est donc Boby-Wellington? »

Mon brave Nubien partit comme un trait, armé
seulement d'un trident. Il arriva à temps pour frapper
le lion dans son bond; il vint tomber à deux pas de
Pierre. La lutte lui eût été fatale, si Joussouf, avec son

sang-froid ordinaire, n'eût blessé le lion de son coup
de carabine.

Le trident de Pierre fut brisé, celui du Nubien brisé,
la carabine arrachée des mains de Pierre : il était
perdu, lorsque la balle d'Othon atteignit le lion à la
tête ; la mienne acheva de le terrasser.

Durant cette lutte, courte mais terrible, les Anglais
ne firent pas un pas en avant, ne tirèrent pas un coup
de fusil. Fut-ce poltronnerie ou rancune, je n'en sais
rien.

Mon Nubien était étendu sur le sol, nous le crûmes
mort ; mais le corps ne portait aucune trace de blessure, la queue du lion l'avait sans doute étourdi. Le
sang qu'il rendit par les narines et qui rougit le blanc
de ses yeux nous fit penser que la massue que porte le
lion au bout de la queue l'avait frappé à la tête.

— Pierre, dis-je à mon serviteur, vous voyez à
quel danger votre rancune insensée vous a exposé. Peu
s'en est fallu que vos os ne restassent dans ces
déserts.

— Il faut toujours finir par la mort, me répondit-il
froidement ; mais j'aurais mieux aimé laisser mes os
au mont Saint-Jean qu'ici, si l'on m'avait donné le
choix. La rancune n'avait pas été étouffée par le
péril.

A cette scène en succéda une autre digne de pitié et
burlesque en même temps. Sir Arthur, dans l'accou-
trement que j'ai fait connaître, vint avec ses gens et
leur commanda d'emporter l'ennemi qu'il avait ter-
rassé ; c'était le lion.

— C'est comme au mont Saint-Jean, dit Pierre
avec colère. Les Wellington ont semé leur graine en
Angleterre.

Nous fîmes signe aux Anglais d'obéir à leur maître :
ce qui me fait croire que le hasard est souvent provi-
dentiel, c'est que Boby, qui s'approcha le premier de

l'animal expirant, en reçut un si vigoureux coup de patte, qu'il alla tomber sur le dos à plusieurs pas. Pierre, dont je contenais à peine la colère, se livra alors à des éclats de rire si entraînants que nous les partageâmes; je ne parle pas des Anglais.

Le pauvre insensé, croyant son palefrenier tué du coup, courut à lui, l'aida à se relever et ne songea plus au lion.

— Hâtons-nous de gagner le fleuve, me dit Othon, et de nous séparer de nos bons amis les Anglais : cet état de choses ne peut durer. Il ne faut pas que des hommes appartenant à des nations civilisées viennent donner aux sauvages habitants de la Nubie une preuve de leurs haines nationales.

Nous marchâmes le reste de la journée, suivis par les Anglais, mais non réunis à eux, et vers la fin du second jour nous eûmes la satisfaction d'apercevoir, coulant dans un large bassin, le Bahr-el-Abiad. Nous ne pouvions pas apprécier le chemin qui nous restait à faire pour arriver au premier village; nous avions marché à l'aventure dans le pays, et bien des obstacles pouvaient embarrasser notre marche.

Nous passâmes en vue de deux pauvres villages, d'où les habitants s'enfuirent, nous prenant peut-être pour des marchands d'esclaves; mon Nubien s'aboucha avec deux naturels et obtint d'eux qu'ils nous servissent de guides. Après avoir traversé une plaine immense, où je vis pour la première fois une bande d'autruches et une belle girafe, nous entrâmes dans des terres arides où, pour notre bonheur, nous fûmes rafraîchis par des pluies abondantes, fort rares dans ces contrées. Enfin, le onzième jour de marche, du haut d'une élévation, le cours du fleuve se déroula devant nous, et, avec ma lorgnette, je distinguai nos cauges sur la rive et vis de petites colonnes de fumée se perdre dans l'air. Nous étions heureusement arrivés.

CHAPITRE V.

Retour au village nubien. — Rapport de deux soldats malades. — Joussouf et Pierre. — Au camp des soldats. — Les projets du Grec. — Ruse de Joussouf. — Il amène dix soldats. — Triste nouvelle. — Les laveurs de sables périssent dans l'incendie. — Exploration fatale. — Combats. — L'incendie. — L'orage durant la retraite. — Retour au village. — Perte des chevaux et des bagages. — Lutte désespérée. — Enlèvement des bœufs. — Attaque des hippopotames. — Retour à Karthoum. — Triste fin de lord Caverly.

Le village se trouvait presque désert; les cauges, amarrées sur la rive, n'avaient point de gardiens; je pressentis un malheur. J'appris, par les signes de mon Nubien, que le commandant et ses soldats étaient occupés au lavage des sables aurifères, dans la partie de la rivière où nous avions découvert les naturels. Il n'était resté au village que deux soldats malades et une vieille Nubienne estropiée qui les servait de son mieux. Je me rendis auprès des malades pour obtenir des renseignements; voici ceux que je recueillis : Après notre départ pour la chasse, le Grec qui commandait les soldats, ennuyé de rester dans un pauvre village nubien, s'était avancé dans le pays, avait aussi découvert les laveurs de sables aurifères, et les avait chassés pour s'emparer du fruit de leur travail. Après avoir exploré la rivière, trouvant qu'elle contenait des sables très riches, il s'y était établi avec tous ses hommes, et opérait le lavage, avec plus de succès que les Nubiens. Il n'était point encore venu de bateau de Karthoum.

Nous tînmes conseil, et nous entendîmes les observations de Joussouf, qui connaissait mieux que nous les mœurs de la soldatesque égyptienne. Voici ce qu'il nous dit : « Le Grec veut travailler pour son compte, et ensuite quitter la contrée. Il sait que vous avez les ordres du pacha, qu'il doit vous obéir ; mais il sait aussi qu'en vous obéissant, il perdra ce qu'il a enlevé aux Nubiens, et ce qu'il a recueilli depuis ; car il faudra que tout aille dans le trésor du divan. Il a quarante-huit hommes sous ses ordres ; ils sont bien armés. Tous ont pris part au vol fait aux Nubiens, aux lavages des sables. Tous sont intéressés à conserver leurs richesses, et vous avez dû remarquer que cette troupe n'est pas composée d'honnêtes gens. S'ils trouvent que nous pouvons les gêner, ils sont les plus forts, ils nous massacreront, et diront que nous avons péri dans ces contrées si peu connues, et où des compagnies entières de l'armée d'expédition d'Ismaïl, fils de Mohamed, ont péri. Voilà ce que je crains, agissez maintenant selon votre sagesse. »

— Notre sagesse, Joussouf, se montrera en profitant de vos avis. Nous tâcherons de décider les Anglais à retourner à Karthoum : ils remettront une lettre au pacha ; et, quand il connaîtra l'état des choses, il nous expédiera des forces suffisantes pour contenir le Grec et ses soldats ; peut-être ceux qu'il nous envoie sont-ils déjà en route.

— Votre seigneurie observera que les eaux commencent à baisser ; que le fleuve n'offre plus une navigation aussi facile qu'à l'époque où nous l'avons remonté. Que les Anglais se hâtent, ils arriveront en quinze jours.

— Et que ferons-nous en attendant? demanda Othon.

— Nous avons presque une mission à remplir, lui répondis-je, nous ne pouvons l'abandonner. Les observations de Joussouf me paraissent justes; mais ce ne sont que des soupçons, des prévisions tout au plus. Etablissons-nous dans ce village, enlevons toutes les rames des cauges, n'en laissant que la plus petite garnie. Si les dispositions du Grec sont hostiles, nous nous embarquerons et gagnerons Karthoum avant qu'ils aient pu mettre leurs projets à exécution. Je crois même qu'en voyant nos préparatifs, ils ne l'oseront pas.

Ce plan fut adopté, il ne nous fut pas difficile de décider les Anglais à un prompt départ; la folie de sir Arthur augmentait. A la vue de son singulier bateau, il s'était rappelé qu'il avait à découvrir les sources mystérieuses du Nil Blanc, et il se démenait pour hâter les préparatifs de son départ. Ses gens n'avaient pas l'intention de poursuivre une pareille entreprise; aussi adoptèrent-ils avec ardeur la proposition de retourner à Karthoum.

De notre côté, nous prenions les mesures que nous jugions nécessaires à notre sûreté, et nous étions prêts à tout événement le jour du départ des Anglais. Autant que nous le pûmes, nous assurâmes le retour du pauvre insensé, par toutes les précautions possibles, et nous fûmes témoins d'une scène qui nous navra le cœur.

Persuadé qu'il partait pour la découverte projetée, sir Arthur désira prendre avec nous un repas d'adieux. Un bain l'avait débarrassé de sa sale enveloppe de graisse et de sable; il avait revêtu ses premiers habits, il nous parut plus calme et plus raisonnable que jamais; cependant le regard était toujours égaré.

— Mes très chers, nous dit-il, la tâche glorieuse de

découvrir les sources, jusqu'alors introuvables, de ce fleuve fameux, m'était réservée; je ne crains pas de vous dévoiler les secrets de mes pensées. J'ai toujours eu, même dès l'enfance, le pressentiment que j'étais destiné à une grande célébrité. J'obéis à ma destinée, et vous, et les journaux de Londres apprendrez, avant le renouvellement de l'année, que sir Arthur Caverly a résolu le problème, jusqu'ici insoluble, de la découverte des sources du Nil.

Il s'arrêta un instant, puis reprit ainsi :

— Les hommes qui ont accompli de grands projets sont presque tous morts à la peine. Si je succombe, souvenez-vous de moi et faites connaître ma fin aux journaux de Londres; adieu !

Et d'une voix éclatante il commanda de mettre à la voile. Il retournait à Karthoum.

Ce départ nous laissa tristement impressionnés.

— L'intelligence de l'homme est bien fragile, me dit Othon, puisque une chute dans une fosse destinée aux éléphants peut l'en priver.

Un peu au-dessus du rivage où les cauges se trouvaient amarrées, s'élevait un îlot d'environ six cents pas de long, sur une faible largeur; il occupait le milieu du fleuve, et était couvert d'arbres et environné de joncs. L'idée nous vint d'y conduire nos cauges; nos chevaux trouveraient un peu de pâture et nous serions à l'abri des attaques des bêtes féroces et des tentatives des soldats du Grec. Nous y poussâmes les cauges, mais les crocodiles se trouvaient possesseurs de cette petite langue de terre. Pour les en éloigner nous mîmes le feu aux joncs, et cette manière d'exproprier nous réussit, à notre grande satisfaction. A mesure que la flamme gagnait sur la bordure de joncs, nous voyions les longs museaux et les formidables dents des amphibies dépasser la surface de l'eau, puis plonger pour s'éloigner. On n'apercevait que des sillages rapides, allant de tous côtés et se croisant tantôt en haut, tantôt en bas, tantôt dans le courant, qu'ils troublaient un instant en le traversant.

— C'est assez de les avoir délogés, dit Othon, ne tirons pas dessus; laissons-les aller chercher un autre domicile.

Ce ne fut que le lendemain que nous allâmes nous y établir. Le feu avait complètement nettoyé les rives; mais il avait consumé des matières trop légères pour se communiquer aux arbres de l'intérieur. Il avait aussi chassé ou grillé les insectes qui se trouvent partout où il y a des plantes et un peu d'humidité, ainsi il nous avait fait place nette.

Dans les calculs humains, il y a toujours un ou plusieurs calculs défectueux; nous étions, il est vrai, à l'abri d'un coup de main de la part du Grec, mais notre position n'était pas nette. En admettant que des soldats nous arrivassent de Kartboum, irions-nous à la tête de ces forces attaquer des hommes dont l'intention n'était pas déclarée? En admettant qu'aucun renfort ne nous fût envoyé, quel parti prendrions-nous? Nous ne voulions pas nous établir dans cet îlot, où, dès le troisième jour, l'ennemi vint nous accabler. Chasseurs, nous voulions chasser, et dans la position ambiguë où nous étions placés, nous n'osions pas quitter notre retraite. Le quatrième jour mit fin à nos incertitudes. Sur la rive gauche apparurent des soldats égyptiens; ils nous firent des signaux auxquels nous répondîmes; notre petite cauge s'avança à la portée de la voix et la conversation suivante s'engagea :

— Pourquoi les cauges sont-elles amarrées à cet îlot? nous venons prendre des provisions pour nos travailleurs. Il y a, à deux jours de marche, une rivière qui roule des paillettes d'or, et nous sommes occupés à en recueillir.

Joussouf répondit :

— Votre commandant n'a laissé aucune instruction; il était supposable que vous aviez été enlevés ou massacrés par les naturels. Ce que nous ont raconté vos deux malades ne nous a pas paru vraisemblable; vous auriez laissé des renseignements. Entrez dans la barque et venez parler à notre chef.

Je les pressai de questions, et appris que les travailleurs se trouvaient en discorde par suite de l'inégalité des partages. Quant à l'autorité du pacha, il n'en était pas question. Alors je leur fis savoir que le pacha était instruit de cette découverte, que nous avions faite avant eux, et que nous attendions des troupes de Karthoum. Après leur avoir délivré une certaine quantité de provisions, ils furent renvoyés au lieu de l'exploitation, et chargés d'instruire le commandant des mesures prises par nous. Ils reçurent en outre l'ordre de revenir nous instruire de l'état des choses.

Plusieurs jours s'écoulèrent, aucune embarcation ne s'était montrée sur le fleuve, et nous n'avions découvert aucun soldat sur la rive gauche. L'ennui et l'inquiétude nous gagnaient; la pêche, quoique abondante, ne convenait point à des chasseurs comme nous. Je voulais encore attendre quelques jours, c'était aussi l'avis d'Othon; mais Joussouf insista tellement sur la nécessité de connaître la situation, que nous lui permîmes d'aller à terre. Il ne voulut que deux compagnons, mon serviteur Pierre et le Nubien.

Ils furent descendus sur la rive, un peu avant le lever du soleil; ils montèrent aussitôt au village. Les malades ne s'y trouvaient plus, ni la vieille Nubienne; cependant ils reconnurent que, depuis peu, leurs huttes avaient été habitées. Joussouf en conclut qu'on y était revenu du lieu de l'exploitation et qu'on avait emmené ou tué les trois seules personnes qui pouvaient fournir des renseignements. Cela lui suffit pour en conclure encore que le Grec et ses soldats, aveuglés par l'or, étaient dans l'intention de se mettre dans l'indépendance du pouvoir du pacha. Il osa suivre la trace des soldats, et, malgré de grands dangers, il atteignit l'éminence d'où nous avions découvert les naturels, lors de notre départ pour la chasse. Il put les observer sans être découvert, et reconnut qu'ils avaient avec eux beaucoup de Nubiens ; qu'un village s'était élevé sur la rive gauche de la rivière, sur laquelle il put aussi distinguer plusieurs barrages. Il se hasarda à s'approcher de la rive droite et à faire des signaux ; dès qu'il fut remarqué, un radeau partit de l'autre rive et vint à lui.

Joussouf était un rusé politique : il leur conta qu'ayant quitté mon service pour se joindre à eux, il pensait que nous retournerions à Karthoum avec les Anglais ; enfin il demanda à prendre part aux travaux, il abusa le Grec et fut admis. Voici ce qu'il apprit : Le commandant, en voyant la richesse des sables, avait persuadé à ses gens qu'en se livrant à leur exploitation, ils acquerraient en peu de temps une somme considérable, et qu'ensuite, en s'enfonçant vers l'est, ils arriveraient sur le passage des caravanes, avec lesquelles ils descendraient le fleuve Bleu, déguisés en marchands, jusqu'à Karthoum, d'où ils pourraient retourner riches en Egypte. Il leur avait fait sentir qu'ils se soustrairaient ainsi au service militaire, si pénible sous les pachas.

Les gens grossiers auxquels il s'adressait ne virent que les avantages que leur montrait leur chef, sans prévoir à quels dangers ils s'exposaient.

— Mais le pacha voudra savoir ce qu'est devenue son expédition, dit Joussouf, qui voulait connaître tous ses projets.

— Le pacha, dit le Grec d'un ton dédaigneux, est bien loin ; et d'ailleurs il doit savoir que les déserts inexplorés de la Nubie rendent rarement ceux qui osent s'y aventurer.

— Mais les Européens avec lesquels je suis venu retourneront à Karthoum et instruiront le pacha gouverneur de la Nubie?

Un sourire sinistre passa sur les lèvres du Grec. Il répondit :

— Le fleuve est bien long, les eaux baissent; il y a tant de crocodiles le long de son cours.

Joussouf soupçonna un mauvais projet; il était Turc, il savait dissimuler : il entra naturellement dans l'idée encore cachée du Grec, et dit :

— Ils ne sont plus que cinq hommes depuis notre séparation et celle des autres étrangers; la plus petite cauge est encore trop grande pour eux.

— Tu dis vrai, Joussouf, et les deux autres sont assez grandes pour mes gens. Ces Européens sont riches, le sais-tu, Joussouf?

— Ils le sont et beaucoup.

— Ils sont bien approvisionnés en munitions de guerre. Ils ont de bonnes carabines et de bons chevaux ?

— Ils ont tout cela, répondit froidement Joussouf.

— Eh bien! Joussouf, tu peux avoir ta part de leurs dépouilles, ta part raisonnable dans nos produits. Le veux-tu ?

— Je n'ai point encore trouvé d'hommes qui aient refusé de s'enrichir, répondit-il, et je ne me sens pas cette sotte vertu.

Le Grec lui serra la main, et lui demanda s'il pouvait compter sur ses deux camarades.

— Comme sur moi-même, répondit-il.

Alors il apprit que les soldats avaient été envoyés précédemment pour constater le retour des étrangers, retour qu'ils avaient appris par un de leurs malades qui avait pu les rejoindre; que dès qu'il avait vu leur nombre réduit par le départ des Anglais, il avait formé le projet de s'emparer des cauges et de les détruire, afin qu'aucun renseignement ne parvînt au pacha.

Joussouf eut l'adresse de si bien gagner son amitié qu'il crut pouvoir lui confier la partie la plus difficile de son projet : celle d'aller s'emparer des cauges, opération qui lui paraissait d'autant plus dangereuse qu'il n'avait pas de barques assez grandes pour aborder des embarcations défendues par d'aussi bonnes carabines dans une telle position.

— Donne-moi dix hommes déterminés, lui dit Joussouf, je m'approcherai de la rive avec mes deux compagnons ; si je puis obtenir qu'ils veuillent me recevoir, alors les autres se montreront et j'emporterai la cauge.

— Hâte-toi de plier bagage ici, et viens me joindre le plus tôt que tu le pourras.

— Peut-être qu'ils ont pris le parti de se rendre à Karthoum ? dit le Grec.

— S'ils ont pris ce parti, répondit Joussouf, il est probable qu'ils auront laissé les deux grandes cauges qui leur seraient inutiles.

Joussouf eut si bien le talent de le persuader, tout Grec qu'il était, qu'il put s'éloigner avec les dix hommes demandés. Il arriva le second jour au village nubien, où il fit cacher ses hommes, et descendit avec Pierre et le nègre sur la rive, le jour même où, désespérés de son retard et le croyant en danger ou mort, nous avions résolu de descendre à terre afin d'y faire des recherches à l'aide de nos chiens, qui sentaient leur ami le Nubien à une distance considérable.

En peu de mots, il nous fit connaître les projets du Grec, et les moyens qu'il comptait employer pour les déjouer.

Il allait se retirer vers le village et déclarer aux soldats que nous n'avions pas voulu les reprendre avec nous, et que notre cauge ne s'était approchée de la rive qu'à la portée de la voix. Nous devions descendre au commencement de la nuit sur la rive, attendre le signal qu'il nous donnerait ; ensuite, en tombant sur les soldats, nous les désarmerions et les ferions prisonniers : nous avions besoin de leurs bras pour ramener les trois cauges à Karthoum et ôter ainsi au Grec toute possibilité de nous poursuivre.

Son projet nous parut praticable, et nous suivîmes son plan de point en point. Descendus sur la rive, nous attendîmes le signal et nous montâmes au village, guidés par le Nubien. Les soldats dormaient sous deux huttes ; Joussouf et ses deux compagnons s'étaient chargés de la première veille de nuit. Quand nous arrivâmes, les soldats se trouvaient déjà désarmés, les fusils et les sabres formaient deux faisceaux dans la hutte de Joussouf, à l'entrée du village. Il n'y eut de leur part aucune résistance : nous les liâmes en prononçant le nom terrible du pacha ; ils se laissèrent conduire jusqu'à l'îlot, où nous les tînmes sous bonne garde.

Pendant ce temps-là un drame plus sanglant et plus terrible se passait au village établi par les laveurs de sable.

Le Grec, qui avait eu hâte de seconder le prétendu complot de Joussouf, fit, le jour même du départ de ce dernier, le partage de la poudre d'or ; les naturels se trouvèrent lésés et murmurèrent ; les Egyptiens, enchantés d'avoir ce prétexte pour s'emparer de tout l'or, prirent leurs fusils et commencèrent à tirer sur les naturels : la partie était inégale à cause de la supériorité des armes. Les Nubiens s'enfuirent, laissant, non-seulement leur part de poudre d'or, mais encore tout ce qu'ils possédaient au village, sauf leurs armes, qu'ils ne quittent jamais.

Enchantés de ce résultat, le Grec et ses gens se mirent à se partager le nouveau butin, et le reste de la journée s'écoula joyeusement. Ils devaient revenir au fleuve le matin suivant.

Les Nubiens n'avaient pas perdu leur temps, de leur côté ; le cœur gonflé par la vengeance, ils se mirent avec activité à faire des faisceaux de roseaux et de branches sèches, et les placèrent, en silence, autour du village en roseaux et en branchages où dormaient les Egyptiens. Dès qu'il fut suffisamment entouré, ils y mirent le feu de tous côtés, se tenant autour, prêts à tuer tout soldat qui échapperait à la flamme. Tous y périrent, moins un seul qui parvint à s'échapper, et qui nous fit cet épouvantable récit.

Nos prisonniers, qui en furent instruits, se réjouirent d'avoir été trompés par Joussouf et répétèrent : « C'était écrit ! »

Nous pûmes compter dès-lors sur leur concours.

— Qu'allions nous faire ?

Ce fut Othon qui posa cette question.

Mon opinion fut de retourner à Karthoum : après ce qui venait de se passer nous ne trouverions plus que des ennemis dans les naturels, et les chasses deviendraient trop périlleuses.

Contre mon attente, Othon désira les continuer, par l'attrait même de ce nouveau danger. Quant à Joussouf, que soutenait mon serviteur Pierre, il opinait pour qu' nous allassions surprendre les Nubiens. La poudre d'or qui avait brillé à leurs yeux, durant les quelques jours passés au village incendié, les avait fascinés.

Je déclarai formellement que je m'y opposerais.

— Les Nubiens, leur dis-je, ont usé du droit légitime de défense ; une part considérable leur appartenait dans les produits du travail ; s'ils ont vengé leurs frères tués à coups de fusil, ils ont usé de leur droit ; s'ils se sont emparés de toute la poudre d'or, les soldats leur en avaient donné l'exemple en s'emparant de leur part légitime. Laissons-les en paix et allons instruire le pacha de tout ce qui s'est passé.

— Pourquoi l'en instruire? m'objecta Othon ; son gouvernement ne s'étend pas encore jusque sur les territoires des Chilloucks. Tout bien considéré, il n'a pas à se mêler de cette affaire ; les Nubiens ont massacré ses soldats parce que ses soldats ont commis le vol, le meurtre. Ils ont détruit des brigands, ils ont bien fait ; je voudrais qu'ils sussent que nous n'avons participé en rien à la conduite du Grec, nous pourrions continuer nos chasses.

— Que votre seigneurie me permette une objection, dit Joussouf, qui se servait toujours de ce titre quand il voulait faire prévaloir son avis.

— Je t'en permets dix, répondit Othon, et je les écouterai patiemment.

— Eh bien! reprit Joussouf, vous ne pouvez pas continuer la chasse, l'époque des pluies est arrivée. Elles vont tomber en si grande abondance que les rivières grossiront considérablement; les vallées seront changées en torrents, et les terres tellement détrempées que la marche y sera pénible pour les hommes, impossible pour les chevaux. J'ajoute à tous ces obstacles le plus terrible de tous : les mouches, les insectes de toute espèce ; leur nombre devient si prodigieux à la saison des pluies, que les animaux désertent les bas-fonds et les plaines et se réfugient vers les montagnes de l'ouest. Si votre seigneurie veut chasser les serpents, elle en trouvera par milliers !

Ce qu'objectait Joussouf, en l'exagérant beaucoup, était vrai au fond ; à cette époque des pluies, la chasse n'est possible qu'aux naturels acclimatés, et Joussouf avait oublié un des plus forts arguments : l'insalubrité de l'air, causée par les vents humides et par les vapeurs qu'un jour de soleil ardent enlevait à ces terres détrempées et marécageuses. Othon ne dit plus rien;

mais le rusé Joussouf avait son projet et il y tenait avec la ténacité des avares : Joussouf voulait s'emparer de la poudre d'or, que le feu de l'incendie n'avait pu que purifier. Il revint à ce projet, mais comme la panthère revient sur un animal de force à soutenir l'attaque.

Il manœuvra si habilement qu'il amena Othon à son opinion, et qu'il fut arrêté qu'avant de nous embarquer pour Karthoum nous irions visiter le village incendié; car, avait dit Joussouf, tout coupables que furent les Egyptiens, ils n'en étaient pas moins nos frères, et leurs os ne doivent pas rester sans sépulture. Je crois que ce fut une des principales raisons qui rangèrent le bon O hon de son opinion ; ainsi nous nous préparâmes à une nouvelle expédition.

Le lieu où les cauges se trouvaient ancrées paraissant sûr, elles furent laissées sous la garde de quelques hommes, et nous allâmes aborder à la rive.

Je ne sais quel pressentiment me serra le cœur : ce fut avec inquiétude que je sautai à terre. Mon opinion n'avait pas prévalu, et je m'étais rangé à celle de la majorité, car dans les entreprises de la nature de la nôtre, l'opinion de l'autorité est bien faible, quand les autres ne la partagent pas. Dans le désert, l'homme conserve sa volonté individuelle, et l'autorité n'est que nominale ; j'avais donc cédé à la majorité, mais je n'avais pas approuvé.

Notre effectif était de quinze hommes, deux chiens et six chevaux : c'était suffisant pour repousser la peuplade du village, mais non pour lutter contre les obstacles des lieux et les bêtes féroces. Le premier jour de notre marche sembla nous présager ce que nous avions à craindre ; nous évitâmes une troupe d'éléphants, et la nuit des lions et des panthères. La marche du second jour nous fit rencontrer une bande de sangliers qui s'enfonça dans la vallée, nous laissant

deux sangliers; enfin, en approchant du village incendié, nous eûmes connaissance de la présence d'un
grand nombre de naturels. Mes chiens nous firent découvrir et nous reconnûmes que la lutte était inévi-
table.

— Eh bien ! demandai-je à Othon, que pensez-vous
de notre entreprise ?

— Je pense, me répondit-il, que nous voulions
couvrir de terre des os insensibles, et que les nôtres
pourraient bien y rester. Vous aviez raison, mais la
partie est engagée, il ne faut pas reculer; ce diable
de Joussouf veut la poudre d'or. Enfin, comprenez,
mon ami, que la vie des hommes qui nous obéissent
vaut mieux que toute la poudre d'or de la rivière.

A l'instant même le Nubien arriva : les mouvements
de ses bras nous firent comprendre que notre petite
troupe se trouvait enveloppée et qu'il fallait songer à
la défense. Nous nous trouvions dans un enfoncement
de terrain garni de broussailles et protégé au nord
par un bouquet de grands arbres ; le côté tourné vers
la rivière n'avait que des broussailles, et dans l'enfoncement une bordure de hauts roseaux.

Nos gens se formèrent en bataillon et Joussouf se
porta en avant avec quatre hommes ; il fallait emporter une hauteur qui dominait les environs et où nous
pouvions nous retrancher durant la nuit qui appro-
chait : grand nombre de Nubiens s'y montraient.
D'autres apparaissaient dans le cours de la vallée et
sur les pentes; je redoutais la répétition du village
incendié.

Joussouf avançait ; les décharges nous prouvèrent
qu'il trouvait de la résistance, nous nous portâmes en
avant pour le soutenir. A l'aide de ma lunette je vis
les naturels s'avancer autour de notre petite troupe,
chargés de fagots, et je prévis leur intention, que j'a-
vais déjà soupçonnée. Si nous pouvions emporter la

hauteur, leur projet devenait plus difficile : aussi y dirigeâmes-nous toutes nos forces.

Beaucoup de naturels tombèrent sous nos balles, mais aussi beaucoup furent protégés par leurs grands boucliers, derrière lesquels ils se couchaient, et par les énormes fagots qu'ils portaient en avant. Leurs flèches et leurs massues de trait ne nous firent aucun mal, et nous avancions toujours. Nous arrivions au sommet de l'éminence quand des torrents de fumée s'en élevèrent.

— Feu de paille, criai-je; en avant, et jetons toutes leurs fascines embrasées sur eux-mêmes. Ce fut alors que nos tridents, dont la hampe avait huit pieds de longueur, nous furent utiles. Comptant sur l'incendie pour défendre la hauteur, les Nubiens en étaient descendus en poussant de grands cris. Ils durent s'étonner en voyant leurs fascines embrasées rejetées dans la pente et descendre jusqu'à eux.

Le terrain fut bientôt nettoyé, notre campement établi et les coups isolés de carabine nous annoncèrent que quelque ennemi se trouvait encore à portée de la balle. Nous passâmes une nuit fort inquiétée, mes chiens ne cessèrent de hurler, et les coups de carabines de retentir. La partie se trouvait sérieusement engagée ; nous le comprenions tous.

Le nombre des ennemis nous étonnait : nous le fûmes bien davantage quand le soleil éclaira les environs. Dans le lointain, vers l'ouest, on découvrait, au-dessus des buissons, les hautes têtes des chameaux, et çà et là des cavaliers qui passaient dans les intervalles des arbres. Evidemment une autre peuplade s'était réunie à celle du village pour achever notre destruction. Le retour au fleuve nous devenait presque impossible, car, si nous descendions de l'éminence, le nombre nous écraserait quand nos munitions seraient épuisées. Notre perplexité était grande.

— Tâchons de nous emparer d'un Nubien, nous lui ferons entendre que nous ne venions au lieu du lavage que pour connaître le sort de nos compagnons, dont nous désapprouvons la conduite, et que, s'ils veulent se retirer, nous retournerons à nos embarcations et quitterons la contrée.

Telle fut l'opinion d'Othon ; elle fut rejetée, car elle augmenterait encore l'audace de l'ennemi, et, malgré les dangers de la tentative, il fut arrêté que la nuit suivante nous tenterions de battre en retraite vers le fleuve. Il fallait avoir recours à quelque ruse militaire pour tromper l'ennemi.

Nos meilleurs tireurs s'avancèrent vers la vallée en faisant feu sur tout Nubien qui se trouvait à portée de la balle ; il fallait rendre ce côté par où nous voulions opérer notre retraite, si dangereux, que l'ennemi s'en éloignât. Pendant ce temps-là nous élevions des huttes d'une manière ostensible pour que les Nubiens crussent que nous étions décidés à ne pas décamper de sitôt. La journée se passa en observations du côté des ennemis, et en décharges partielles de la part de nos tirailleurs. Bon nombre de Nubiens furent tués ou blessés, et vers le milieu du jour nous eûmes la satisfaction de les voir se replier vers le point où paraissaient les chameaux.

Par un bonheur inespéré, le ciel s'était couvert de nuages ; un fort vent de l'ouest en charria des masses énormes, et des éclairs brillèrent : l'orage devait nous favoriser. Je remerciai Dieu, du fond de mon cœur, de ce secours inattendu. Les broussailles que nous avions entassées furent allumées et brûlèrent, malgré la pluie qui commençait à tomber.

Les roulements du tonnerre commençaient à être entendus quand nous descendîmes, le plus silencieusement possible, de l'éminence ; nos chiens étaient muselés. Joussouf marchait en tête avec mon Nubien ;

mon serviteur Pierre et un soldat formaient notre arrière-garde, et notre corps d'armée, composé de onze hommes, conduisait les chevaux et notre petit bagage. La pluie devint torrentielle : à chaque instant nous traversions des mares peu profondes mais fort gênantes pour la marche; mais quand la vie est en danger on fait peu attention aux obstacles. Durant plus de cinq heures, nous nous avançâmes au bruit des tonnerres et sous une pluie écrasante. Nous suivions toujours la pente du terrain qui devait nous conduire vers le fleuve; mais il fallut chercher les terres plus élevées : les eaux arrivaient en torrents et nous auraient emportés. La fatigue nous força de faire halte au pied d'une haute élévation qui nous parut toute dénudée; trois gazelles s'y étaient réfugiées. Pauvres bêtes! nous fûmes pour elles plus dangereux que la pluie, le tonnerre et les torrents. Il fallait manger, et nos deux sangliers étaient presque dévorés; je détournai la tête quand les soldats les tuèrent à coups de baïonnettes.

Trempés d'eau jusqu'aux os, nous grelottions sous le poids de nos habits, car la nuit était froide et la marche ne nous réchauffait plus, mais nous n'osâmes allumer de feu.

Serrés les uns contre les autres, nous gardions un silence lugubre, n'osant nous communiquer la tristesse de nos pensées. Quelle nuit! le souvenir m'en est encore présent et me fait frissonner.

L'orage avait couru vers la basse Nubie, emportant les nuages avec lui; les étoiles brillèrent sous un ciel d'un bleu sombre mais pur de toute nuée. Ce fut avec joie que nous vîmes se lever ce soleil ardent qui avait si souvent fait notre supplice; mais notre joie fut tempérée par l'aspect de la plaine et des massifs d'arbres. L'inondation se trouvait partout, et déjà des vapeurs chaudes montaient lentement dans l'atmosphère, où elles s'évanouissaient. Nos habits fumèrent bientôt, nos chevaux étaient entourés d'une vapeur chaude. Le soleil reprenait ce que l'orage nous avait donné; les torrents avaient dû effacer les traces de notre retraite et mettre en défaut les Nubiens, s'ils tentaient de nous poursuivre. Ce fut avec cette persuasion que nous reprîmes notre marche, afin de dégourdir nos membres, sur lesquels la chaleur faisait l'étrange effet de les faire fourmiller.

Le soleil buvait l'eau, le sol altéré s'en abreuvait, et les mares disparaissaient à vue d'œil, mais le sol restait toujours détrempé et glissant. Les arbres se montrèrent en plus grand nombre et la pente du sol devenait de plus en plus prononcée. Nous ne reconnaissions pas la route que nous avions déjà suivie plusieurs fois; mais il était hors de doute que nous nous dirigions vers le fleuve. La terre de tous côtés sillonnée, les arbrisseaux courbés, et les cadavres de grands et de petits animaux arrêtés dans les buissons, nous donnèrent une idée de la quantité énorme d'eau versée sur la terre par les nuages.

Nous fîmes une ample provision de cadavres, provisions que nous étions loin de dédaigner; je trouvai, et mes compagnons aussi, quoique la faim nous pressât, que la chair des animaux noyés est inférieure à la même chair, si l'animal a été tué par le fer ou le plomb.

Le lieu où nous établîmes notre campement se trouvait à l'entrée d'une plaine très inclinée, mais tout-à-fait aride : des gazelles la traversaient, et à leur suite des bandes de hyènes et quelques renards. Ce voisinage ne nous inquiéta pas, et nous dormîmes quelques heures après un bon repas. Les repas abondants sont toujours trouvés bons par les estomacs épuisés par la fatigue.

Il nous arriva une singulière aventure : chacun de

nous dormait à côté de sa carabine appuyée contre un
arbre ; la sentinelle et les chiens se trouvaient à dix
pas de distance, regardant la plaine animée par les
passages fréquents des bêtes fauves. Tout-à-coup une
explosion nous tira de notre profond sommeil ; chacun
se dresse, saute sur son arme ; un des soldats trouve
son fusil à quelques pas et déchargé. L'affaire nous fut
bientôt expliquée : de grands singes fuyaient sur les
arbres en poussant leurs cris désagréables. Un de ces
animaux avait, durant le sommeil du soldat, empoigné
et manié son fusil qu'il laissait armé. Cette aventure
nous mit en gaîté, et le bon Othon se dérida et nous
fit de ses plaisanteries, quelquefois si piquantes qu'elles
excitaient nos rives. Profitant du reste du jour, nous
longeâmes la plaine d'où notre présence chassait les
gazelles, les renards, et tenait les hyènes à distance.
Je l'ai maintes fois remarqué, cette bête féroce est
lâche, mais elle suit avec obstination tout être animé
qu'elle convoite pour proie.

Un zèbre passa à notre portée, mais nous pensions
à notre salut et non à la chasse : il s'arrêta un instant
pour nous examiner, puis prit la course vers la plaine.
Cet animal a la forme de l'âne et du cheval, mais son
allure est tellement rapide qu'on ne peut la comparer
à celle de l'un ou de l'autre de ces animaux.

Enfin le fleuve, le Bar-el-Abiad, apparut devant
nous, mais ce n'étaient point les sites qui environnaient
notre îlot ; étions-nous au-dessus ou au-dessous ? voilà
ce qui nous inquiéta. Nous envoyâmes reconnaître les
rives, et ce fut pour nous une perte de temps.

L'infatigable Joussouf nous affirma que nous étions
en amont de l'îlot ; Othon prétendait que nous étions
en aval. Pour vérifier l'une et l'autre opinion, nous
campâmes sur la rive et envoyâmes des éclaireurs en
amont et en aval. Joussouf avait raison, et nous
nous trouvions à une demi-journée de marche de

l'îlot. Durant cette marche, de plus de deux journées, nous n'avions découvert aucun village nubien : dès que nous suivîmes la rive gauche nous en aperçûmes un, toujours situé sur une élévation. Nous l'évitâmes, le mot de Nubien nous faisait peur, et, traversant de véritables marécages, nous arrivâmes aux pieds du village nubien, voisin de notre îlot. Il était désert, ses huttes nous servirent de refuge pour la nuit, et ce ne fut que le matin que nous descendîmes vers la rive, après environ trois jours de marche.

La vue de nos cauges fut pour nous comme celle de la terre promise pour les Hébreux : en effet, elles nous promettaient l'éloignement du danger et le retour à Karthoum.

Les hommes que nous avions laissés pour leur garde nous envoyèrent la petite cauge, où chacun se jeta comme dans un lieu à l'abri du danger; j'avoue que j'éprouvai ce sentiment.

Nos chevaux furent laissés sur la rive sous la garde de quelques soldats et de mes chiens : on ne pouvait les prendre que dans la plus grande cauge, mais il fallait trouver une anse où la faire entrer afin de faciliter l'embarquement. La cauge arrivait à l'îlot quand un coup de fusil attira notre attention vers le village; une grande et belle prairie descendait doucement de l'éminence jusqu'à la bordure de joncs qui croissaient dans le fleuve. J'aperçus les hommes laissés à terre; ils couraient les uns vers les autres, tandis que les chevaux effarés galopaient au hasard dans la prairie. Je distinguai aussi un de mes chiens, il reculait la tête tournée vers le nord.

— Il se passe quelque chose d'extraordinaire, m'écriai-je ; Othon, prenez la lunette, retournons à la rive.

— Nos gens sont entourés, me dit-il, les Nubiens sont arrivés. Voilà vers le nord des chameaux et des cavaliers, hâtons-nous ; je n'ai pas revu nos chevaux. Hâtons-nous, hâtons-nous !

Il était plus difficile de remonter le courant ; aussi, malgré nos efforts, l'embarcation avançait lentement, les coups de fusil se répétèrent, et bientôt nous pûmes distinguer nos six hommes formant un peloton, et un cercle de noirs qui les accablaient de flèches et de massues. Ceux-ci s'avançaient à l'abri de leurs grands boucliers.

— Ramez ferme, ramez, arrivez ! nos gens vont être massacrés.

Un fort parti de Nubiens se porta vers la rive pour s'opposer à notre descente. Une décharge de nos carabines les en éloigra : ils laissaient plusieurs morts ; nous sautons en désordre sur le sol, et nous formant en carré, nous marchons sans faire feu vers nos gens.

— Prenons ces boucliers, ils nous préserveront des flèches, et en avant ! cria Othon.

Un seul de nos hommes restait debout, quand nous atteignîmes les ennemis ; une décharge générale fit reculer l'ennemi, et cet homme, qui était mon Nubien, accourut portant entre ses bras un de mes chiens blessé ; l'autre bondissait autour de lui, quoiqu'il eût une flèche plantée dans le corps.

— Aux blessés et aux morts, mes amis, criai-je ; ne les laissons pas à ces sauvages.

Un seul était tué, les autres grièvement blessés ; une nouvelle décharge éloigna les Nubiens, qui voyaient tomber leurs camarades ; mais ils ne faisaient que s'éloigner en se couvrant de leurs boucliers.

Tandis que nous relevions les blessés et emportions le corps du soldat tué, les Nubiens poussèrent d'affreux hurlements et coururent, en désordre, vers le fleuve.

— Ils vont s'emparer de la cauge, cria Joussouf.

Il disait vrai ; nous étions perdus s'ils s'en emparaient. Le danger redoubla nos forces, nous courûmes en assez bon ordre et arrivâmes au moment où plusieurs Nubiens étaient déjà à bord et saisissaient les avirons pour éloigner, sans doute, la cauge de la rive.

Joussouf et Pierre, s'armant de leurs tridents, se ruèrent sur les Nubiens, les écartèrent à grands coups de tridents et sautèrent dans la cauge, où la lutte s'engagea corps à corps avec cinq Nubiens. Mon serviteur Pierre était doué d'une force extraordinaire; je le vis lancer un Nubien dans le fleuve, en saisir un autre par la tête et l'écraser contre le bord. Joussouf, plus maître de lui, attaquait les autres avec le tronçon de son trident, puis avec son sabre recourbé. Nos blessés et le corps mort embarrassèrent nos mouvements; nous les couvrîmes des boucliers et pûmes charger à la baïonnette et aux tridents. Chacun de nos coups entrait dans ces corps nus; les chairs rendaient un son mat et le sang jaillissait, mais ils résistaient; je sautai sur la cauge et l'on me fit passer les blessés; Pierre et Joussouf, débarrassés des Nubiens, se lancèrent à terre, refoulèrent les ennemis, en nous criant :

— A la cauge, à la cauge, laissez-nous faire.

Othon venait d'être atteint d'une flèche à l'épaule; je le portai sur la planche.

— N'oubliez pas ma carabine, me dit-il, je puis encore m'en servir.

Alors je m'établis avec lui sur le pont de la cauge, et nous commençâmes une fusillade dont chaque coup portait.

Il ne restait plus que Joussouf et Pierre sur la rive, combattant comme deux véritables lions; mais dès qu'ils tourneraient le dos, les Nubiens allaient se lancer sur eux.

— Amis, une décharge générale, dit Othon.

— Baissez-vous, criai-je à nos deux braves combattants, nous allons tirer.

Au même instant mon autre chien sauta dans le

fleuve ; le Nubien s'y lança après lui, et tous deux atteignirent la rive lorsque nos balles y arrivaient. Le pauvre Nubien fut tué raide ; Joussouf, près de qui il tomba, le chargea sur son épaule, se lança sur la planche et arriva sur le pont en même temps que Pierre. Ils étaient tous deux blessés, mais l'acte de fraternité de Joussouf le sauva. Une longue flèche avait traversé la tête du Nubien, qu'il portait, pendant sur son épaule.

J'eus encore la douleur de voir assommer mon vaillant chien ; il se défendit jusqu'à la mort.

Dès que les ennemis nous virent tous sur la cauge, ils poussèrent des hurlements, coururent mettre le feu dans les roseaux : nous étions à l'abri. Nous leur envoyâmes des balles jusqu'à l'épuisement de nos munitions.

Quand le danger fut passé, je sentis une vive douleur à la cuisse ; une flèche l'avait entamée, mais légèrement. Ma cotte de mailles m'avait préservé le buste, car lorsque je la dépouil ai je remarquai plusieurs contusions sur ma poitrine.

Après un grand déploiement de force et d'énergie morale, on tombe dans un véritable affaissement. Nous étions tous accablés ; les blessés réclamaient des soins, à peine trouvâmes-nous un reste de force pour les leur donner. La blessure d'Othon me parut grave.

— Ne vous en inquiétez pas, me dit-il, je sens qu'elle sera bientôt guérie. Voyez si vous pouvez trouver de l'eau-de-vie, et apportez-la-moi, je me charge de votre pansement et du mien.

Le soir, un de nos soldats blessés expira ; il avait eu le crâne fendu d'un coup de massue de trait.

Si nous nous trouvions en sûreté, nous avions fait des pertes réelles, déjà trois morts ; tous nos chevaux et nos bagages perdus, et ce que je regrettai plus que les chevaux et le bagage, fut la perte de mes deux braves chiens. Sans eux, le pauvre Nubien n'eût pas été tué.

Huit jours s'écoulèrent ; nos blessés allaient de mieux en mieux, et nous songions à retourner à Karthoum, lorsque nos cauges furent attaquées par une bande d'hippopotames que nos coups de fusils n'avaient cependant pas provoqués. Il nous fut impossible d'expliquer cette colère subite, chez des animaux naturellement timides. Il fallut préserver nos embarcations : nous fîmes feu de l'îlot. Alors l'attaque changea de but ; ces horribles bêtes montèrent sur la rive, et nous fûmes contraints de nous réfugier dans la grande cauge et de la pousser au large. Cette furie des assaillants s'éteignit aussi promptement qu'elle s'était allumée : ils se plongèrent dans le fleuve et disparurent laissant trois morts.

A l'examen de leurs énormes cadavres, Othon remarqua que ces animaux étaient des plus redoutables ; et nous remerciâmes Dieu de leur avoir échappé. Nous fîmes, à coups de hache, provision de dents d'un ivoire qui nous parut supérieur à celui des défenses d'éléphants. Othon eut encore l'occasion de faire une autre remarque, je l'ai trouvée depuis confirmée par des navigateurs : le septième jour, la plupart de nos gens sentirent des démangeaisons insupportables sur toutes les parties charnues de leur corps, puis virent leur peau se changer en petites écailles. Cette affection cutanée se trouvait très prononcée chez ceux de nos gens qui étaient restés sur l'îlot et qui n'avaient vécu que de poissons, régime que nous avions suivi depuis que nous y étions revenus.

Othon attribua cette affection à l'usage exclusif du poisson ; nos provisions se trouvant avariées, il fallait bien se mettre à ce régime.

Avant le départ nous résolûmes de descendre à terre

et de nous procurer une autre nourriture animale.
Les Nubiens étaient revenus à leur village avec leurs
troupeaux; il nous parut juste d'en enlever quelques
pièces en échange de nos chevaux et de nos bagages.

Cette expédition, qui offrait des dangers réels,
devait se faire le plus tôt possible; nous ne pouvions
pas rester plus longtemps sur l'îlot. Nos gens valides,
et ni Othon, ni moi n'étions encore de ce nombre,
l'entreprirent; Joussouf les conduisait.

Les Nubiens, qui depuis huit jours nous observaient, ne nous ayant pas vu nous éloigner de l'îlot,
s'étaient accoutumés à croire que nous ne le quitte-
rions que pour nous éloigner définitivement. Avec la
mobilité de caractère des nègres, ils avaient repris
leurs anciennes habitudes et lâchaient leurs troupeaux
dans la prairie. C'était nous induire en tentation,
nous qui ne vivions plus que de poisson. Joussouf
avait remarqué leurs habitudes et tiré son plan en
conséquence.

Après une journée pluvieuse, les troupeaux furent
conduits dans un parc, au haut de la prairie : huit de
nos gens poussèrent la petite cauge dans l'anse que
nous nommions l'Anse du Combat, et l'y amarrèrent
au plus proche de la terre; un large pont de planches,
préparé à l'avance, joignait la cauge à la rive. Nos
gens, descendus à terre, se glissèrent jusque dans le
parc entouré de hautes palissades; ils n'y trouvèrent
pas de gardiens : les bêtes féroces ne s'approchent des
lieux habités que lorsque la plaine ou les forêts ne
leur offrent point de nourriture. Un bœuf fut saisi
doucement par les cornes et poussé de même vers
l'ouverture faite dans la palissade. Cinq autres le suivirent, poussés aussi par nos gens; bientôt tout le
bétail se mit à la file et descendit la prairie. Tout cela
se faisait sans bruit, la pluie tombait en abondance
et les pas se trouvaient assourdis par le sol humide ;

il n'y eut de difficulté que sur le bord du fleuve : les animaux le redoutent à cause des crocodiles. Enfin un bœuf mit le pied sur le pont, un coup léger de baïonnette le poussa en avant, et six autres le suivirent. C'était plus que nos maraudeurs espéraient; le pont fut enlevé, la cauge prit le large ; alors les bœufs se mirent à beugler. Nos gens s'en amusèrent beaucoup, tandis que nous, qui entendions les beuglements, étions dans de grandes inquiétudes.

— Voilà de la chair fraîche, nous cria Pierre d'un ton joyeux ; nous n'avons eu que la peine de la conduire.

Ils abordaient à l'îlot.

A la vue de cette capture, nous fûmes dans la jubilation ; Othon prit son cor et sonna une fanfare triomphale que les échos se chargèrent d'aller répéter aux Nubiens endormis. Les pauvres bêtes qui avaient suivi nos maraudeurs avec tant de confiance furent abattues et dépecées la nuit même, et le matin nous étions prêts au départ.

Il eut lieu sous les yeux des Nubiens, qui bordaient les rives et qui nous lancèrent des flèches inutiles. Nous ne répondîmes pas à ces provocations par un seul coup de fusil, et, emportés par le courant, singulièrement grossi depuis les pluies, nous filâmes rapidement en aval, tous heureux de nous éloigner de ces contrées sauvages où nous ne laissions que des ennemis et des morts.

Le seizième jour de navigation nous entrâmes dans le confluent du fleuve Bleu et nous allâmes nous ancrer dans le petit port de Karthoum.

Les deux grandes cauges que nous avions par nécessité abandonnées au courant, tombèrent au pouvoir des riverains de la Nubie du gouvernement de Karthoum ; elles furent réclamées par le pacha.

Ce fut en cette ville que nous apprîmes la triste fin

de sir Arthur Caverly. Dès qu'il avait reconnu que sa barque descendait le fleuve au lieu de le remonter, sa folie, qui jusqu'alors avait un caractère doux, devint une folie furieuse ; il tua deux de ses gens, et ne pouvant se faire obéir des autres, il s'élança dans le fleuve, où il devint la pâture des crocodiles. Ceci nous fut raconté par un des hommes de sa suite, que nous rencontrâmes à Karthoum.

CONCLUSION.

Plusieurs jours se sont écoulés depuis notre retour à Karthoum ; nous avons eu deux audiences du pacha. Toujours bienveillant pour nous, il nous a fait l'offre de nous mettre à la tête d'une nouvelle expédition qui serait entièrement à nos ordres ; mais nous étions plus que dégoûtés de ces courses hasardeuses qui flattent les imaginations des esprits aventureux, quand ils en lisent les récits, qui plaisent, au début de leur entreprise, par les émotions violentes qu'elles procurent, mais auxquelles on renonce quand on voit le peu d'utilité d'une existence presque inutilement usée. Il faut le dire aussi, l'amour de la patrie se réveilla dans nos cœurs, durant ces jours de repos à Karthoum : de la Nubie, la France et l'Allemagne nous paraissaient de véritables paradis terrestres. Il fallait revenir aux lieux où s'étaient écoulées les premières années de notre vie ; telle était notre pensée à Othon et à moi. Je remarquais les changements qui s'étaient opérés chez mon ami : son visage si frais, si ouvert au départ, commençait à se sillonner de rides ; le teint était passé à la couleur bistrée, et quelques cheveux blancs nuançaient sa chevelure blonde. Il remarquait que les mêmes changements avaient aussi eu lieu sur moi, et me dit en riant :

— Ami, nous avons couru au-devant de la vieillesse, jeunes nous nous éloignâmes de l'Europe ; si nous avons le bonheur d'y retourner, nous ne montrerons, à ceux qui auront gardé notre souvenir, que deux demi-vieillards ; je pourrai rentrer en Allemagne, quelle crainte y causerai-je ?

Il était malheureusement trop vrai que, depuis notre fatale retraite devant les Nubiens, et les souffrances durant la nuit d'orage, nos santés se trouvaient fort délabrées.

Quand nous prîmes congé du pacha, Othon lui fit présent de ses notes et observations sur les contrées que nous avions visitées. Il en parut charmé et voulut avoir notre opinion au sujet de l'exploitation des sables aurifères et de la découverte des sources du Bar-el-Abiad, Nil Blanc. Je la consigne ici : Nous dîmes au pacha que presque tous les cours d'eau et même les torrents, à la saison des pluies, charriaient des parcelles d'or, que des lavages bien conduits donneraient de beaux résultats ; mais que l'on trouverait dans la perfidie des naturels, qui s'occupaient de ces lavages, des obstacles difficiles à vaincre ; que le grand nombre de bêtes féroces obligerait à une lutte incessante et toujours imprévue. Nous lui signalâmes la rivière que nous avions exploitée comme très riche en parcelles d'or ; mais, pour opérer ce travail avec un succès soutenu et sécurité, il faudrait établir un fort poste au village nubien, et des fortifications en terre sur la rivière. Quant à la découverte des sources du Bar-el-Abiad, nous pensions qu'elle était très facile et qu'elle deviendrait un objet important de commerce, si des comptoirs échelonnés le long du fleuve, et approvisionnés de tout ce que les populations n'obtiennent que par l'entremise de quelques rares caravanes, se trouvaient établis. J'osai même dire au pacha que le système suivi par les Egyptiens était impolitique ; ils n'employaient que la force des armes et ne se rendaient que passagèrement maîtres des contrées dont ils chassaient les habitants. En établissant des comptoirs bien approvisionnés et bien fortifiés, et en recherchant le commerce des noirs, on pouvait amener sur le Nil Blanc tout le commerce des contrées qui avoisinent ses rives ; pousser en avant, chaque année, et arriver ainsi jusqu'aux montagnes de l'intérieur de l'Afrique, d'où descendent les eaux qui forment les deux Nil, car nous pensions que leurs sources sortaient des mêmes chaînes de montagnes.

Je ne sais si le pacha goûta nos raisons, mais je doute qu'il eût le pouvoir d'en profiter.

Nous sortîmes du divan très satisfaits du gouverneur de la haute Nubie, et nous nous embarquâmes sur une grande barque pontée que le pacha expédiait au Caire.

Quoiqu'il nous eût offert le passage d'une façon très généreuse, nous ne voulûmes pas en profiter : outre les provisions pour nous et pour nos gens que nous achetâmes à nos frais, nous payâmes le même prix qu'on avait exigé de deux marchands coptes qui avaient un personnel assez nombreux ; les fonctionnaires musulmans ne négligent aucune occasion de s'enrichir vite, car leurs positions sont toujours précaires.

Les présents que nous fîmes au pacha nous méritèrent sa largesse en provisions délicates et en vin, comme il l'avait fait lors de notre départ pour notre triste expédition.

Joussouf revenait avec nous au Caire; un des serviteurs d'Othon était mort à Karthoum, il le remplaça
par un esclave abyssin. Notre personnel était donc
de sept hommes, je ne dirai plus bien portants et
vigoureux, mais bien armés et résolus.

Nous occupions la grande cabine, et les marchands
coptes, qui paraissaient fort riches, en habitaient une
placée à l'avant. Ils se montraient, en toute occasion,
très civils envers nous; le patron de la barque leur
en donnait l'exemple, mais nous reconnûmes bientôt
que nous devions aussi ces civilités à des idées mer-
cantiles. Je ne sais comment ils avaient appris que
nous possédions une assez grande quantité de poudre
d'or, de l'ivoire et des dents d'hippopotame. Une
occasion de commercer en route se présentait, ils en
profitaient. Je puis assurer que ces marchands coptes
en remontreraient aux juifs les plus juifs exerçant le
commerce. Nous connaissions la valeur réelle de ce
que nous possédions, et nous ne voulûmes pas nous en
dessaisir. Les obséquiosités diminuèrent sensiblement
de la part de nos voisins.

Les eaux montaient; c'était l'époque la plus favorable au retour au Caire. Malgré quelques contre-
temps, des coups de vent violents, nous descendions
rapidement le fleuve; l'amour des ruines, les souvenirs historiques ne fatiguaient plus Othon.

— Quelle folie, me disait-il, un soir que nous
étions assis à l'entrée de notre cabine, après un repas
substantiel, arrosé du vin du pacha; quelle folie d'aller
consumer son existence loin de son pays, pour admirer
des pierres muettes et insensibles, des débris de statues
et de colonnes! Le présent est seul à nous; il consti-
tue les heures fugitives de notre existence, et nous
allons nous jeter dans le néant du passé; nous voulons
vivre avec ce qui fut il y a des milliers de siècles!

C'est étendre un corps vivant sur le cercueil de bandelettes des momies.

Étonné de ce langage, je lui dis :

— Mais, mon cher Othon, ne m'avez-vous pas dit cent fois que la véritable existence de l'homme devait embrasser le passé par les souvenirs, et se mêler au présent pour jouir de leur contraste ?

— Je l'ai dit, parce que je le pensais alors, me répondit-il ; mais depuis que j'ai reconnu le vide de toutes ces prétendues jouissances, elles sont pour moi sans saveur. Croyez-vous, mon ami, que la première victoire que nous remportâmes sur un lion, peut-être dans ces contrées, fut pour moi le commencement du désenchantement ? Dans les autres luttes je cherchais à m'enivrer des plus fortes émotions ; après la victoire je retombais dans le vide. Notre dernier combat contre les Nubiens m'a laissé des remords. Quel droit avions-nous d'aller troubler la paix de ces pauvres Nubiens ? est-ce parce qu'ils sont ignorants et sauvages que nous devons entrer dans leurs contrées les armes à la main, comme si nous en étions les légitimes propriétaires ; enlever les richesses de leurs rivières ; les souffrir quand ils nous sont utiles, et les tuer à coups de carabines quand ils contrarient nos projets ?

Mon ami, il y a dans la conscience de l'homme, qui s'est débarrassé des préjugés du passé, une voix qui crie : « Ce que Dieu a fait est bien fait, il a placé ses créatures là où leur nature leur permettait de vivre ; le jour où il les appellera à une plus haute civilisation, il n'emploiera ni la poudre ni les balles pour les y amener. » Que faisons-nous, nous hommes prétendus civilisés ? nous allons nous imposer par la supériorité de nos armes à des populations qui n'en sont encore qu'au point où Dieu les a amenées. Nous voulons réformer l'œuvre de Dieu : insensés que nous sommes, aveugles que nous sommes, nous ne voyons pas qu'en marchant dans le sang nous n'avançons pas ; nous ne comprenons pas que ce sang criera vengeance contre nous, au jour de la justice suprême !

— Mais, lui dis-je, mon cher Othon, vous voyez que la civilisation a besoin d'espace ; que la terre a été livrée à l'intelligence de l'homme.

— A sa barbarie, voulez-vous dire, à sa rapacité. *Ubi solitudinem facit, pacem appellat* (quand il a fait la solitude, il appelle cela la paix). Ah! mon ami, que les quelques jours que j'ai passés à Karthoum ont été instructifs pour moi !

L'homme ne doit point envahir l'homme par la force, c'est dans la nature de la bête féroce ; il doit le gagner par la douceur. Les anciens, qui nous racontent que les murs de Thèbes s'élevèrent aux sons de la lyre d'Amphion, ont proclamé cette vérité ; l'avons-nous comprise, nous, fils des barbares, plus féroces que nos pères, car nous sommes plus avancés dans la voie de l'humanité? Par la douceur, et en propageant les principes civilisateurs, nous étendrions les bienfaits d'une existence supérieure, sans effusion de sang, sans domination oppressive. Ah! ce que j'ai vu à Karthoum m'a dégoûté des hommes, de moi-même ; que n'ai-je la ressource des anciens monastères!

J'étais bien éloigné de son découragement, tout en m'avouant qu'en exagérant il disait la vérité. Il me tardait d'arriver au Caire ; je craignais pour Othon une atteinte de misanthropie.

Enfin le nombre des barques qui sillonnaient le fleuve augmentait : nous arrivions à la capitale de l'Egypte. Ce spectacle apporta des distractions à la monotonie d'un voyage par eau, et quand nous abordâmes à Boulacq, le titre d'embarcation du gouvernement nous préserva des ennuis de la visite de nos bagages.

Je m'informai aussitôt de Linant-Bey ; il était en

mission vers l'isthme de Suez. Je laissai à son palais les présents que nous lui apportions, avec une courte narration de notre séjour en Nubie, et, profitant d'un navire français, nous partîmes pour Marseille.

Après avoir vendu tout ce que nous pouvions vendre, il se trouva que notre exploitation des sables aurifères et le produit de notre ivoire couvraient tous nos frais de voyage. Je rentrais donc en Europe aussi riche que j'en étais parti, mais j'avais laissé ma jeunesse et ma santé dans les déserts de la Nubie, et rien ne compensait cette perte.

Joussouf ne pouvait vivre que sous le gouvernement musulman ; quoiqu'il nous fût fort attaché, il nous quitta pour aller s'installer au palais de son ancien maître, Linant-Bey, et ce fut en prononçant, mais cette fois avec émotion, les mots sacramentels des musulmans : « C'était écrit ! »

Othon offrit à son Abyssin de le suivre dans un pays où il serait libre. L'esclave ne le comprit pas, et resta porte-faix au Caire, avec une petite somme qu'Othon lui donna en même temps que la liberté.

Othon resta avec moi plusieurs jours à Marseille, le temps de recevoir des nouvelles de la Bavière ; dès qu'il eut la certitude qu'il pouvait y retourner, il m'embrassa en pleurant, et me dit comme Joussouf : « Ami, cela était écrit ; mais, ajouta-t-il, il est aussi écrit que nous ne nous oublierons pas. »

Le vide se faisait autour de moi ; Pierre et son camarade devinrent mes amis, et nous retournâmes ensemble, pour y vivre ensemble, là où étaient les tombes des miens.

FIN.

LIMOGES ET ISLE
Typographies Eugène Ardant et C. Thibaut.